Boston.

Rhode
Island

Kap Cod

Newport

Nantucket
Insel

Montank Point

Long Island

dy Hook

LANTIK ≪

Die Entscheidung

Alexander Kent

Die Entscheidung

Kapitän Richard Bolitho
in der Chesapeake Bay

Franckh'sche Verlagshandlung
Stuttgart

Umschlaggestaltung und beide Vorsatzzeichnungen von
Hans-Ulrich Eichler
Aus dem Englischen übertragen von Heidi Riefler
Titel der Originalausgabe: »Sloop of War«
(Verlag Hutchinson & Co., Ltd., London/1972)
ISBN 0—09—111290—7

CIP-Kurztitelaufnahme der Deutschen Bibliothek

Kent, Alexander
Die Entscheidung: Kapitän Richard Bolitho in d. Chesapeake Bay. —
1.—6. Tsd. — Stuttgart: Franckh, 1976.
  Einheitssacht.: Sloop of war dt.
  ISBN 3—440—04219—7

\

Franckh'sche Verlagshandlung, W. Keller & Co., Stuttgart/1976
ⓒ 1972, Alexander Kent
Für die deutsche Ausgabe:
ⓒ 1976, Franckh'sche Verlagshandlung, W. Keller & Co., Stuttgart
LH 3—EI
ISBN 3—440—04219—7/Printed in Poland/Imprimé en Pologne

Die Entscheidung

In fremden Gewässern

Kapitän Richard Bolitho starrte auf den teilweise fertiggestellten Brief, den er an seinen Vater geschrieben hatte, und trug dann mit einem Seufzer seinen Stuhl zum entgegengesetzten Ende des Tisches. Es war drückend heiß und die träge in der Flaute liegende *Sparrow* schwoite *) ihr Heck kaum merklich, jedoch erreichte ihn dadurch das harte Sonnenlicht und zwang ihn, noch weiter von den Fenstern abzurücken.

Flaute. Wie sehr er sich an diese Situation gewöhnt hatte. Er rieb sich die Augen und hielt seine Feder wieder über das Papier. Es war schwierig zu wissen, was er schreiben sollte, insbesondere da er niemals wußte, ob dieser oder ein anderer Brief seinen Weg auf ein heimwärts fahrendes Schiff finden würde. Es war eigentlich noch schwieriger, sich mit dieser anderen Welt in England verbunden zu fühlen, die er auf der *Trojan* vor fast sechs Jahren verlassen hatte. Und doch... seine Feder verhielt unsicher, seine eigene Welt, so nahe und lebendig in Farbe und Geruch im hellen Sonnenlicht, und dieses Wort *Flaute* wären für seinen Vater eine noch immer zu schmerzliche und bittere Erinnerung an die Marine, die zu verlassen er gezwungen worden war.

Aber Bolitho wünschte sich so sehr, ihm alles zu erzählen, seine Gedanken und Erinnerungen in die richtige Perspektive zu bringen, sein eigenes Leben mit ihm zu teilen und dadurch die einzige darin verbleibende Lücke zu füllen.

Oben auf dem Achterdeck klapperten Blöcke und trampelten Füße. Jemand lachte, und er hörte ein leises Aufklatschen, als einer der Matrosen eine Angel über Bord auswarf.

Seine Augen wanderten von dem Brief zu dem offenen Logbuch,

---

*) Ein kleines Wörterbuch der seemännischen Ausdrücke findet man im. 1. Band, A. Kent, »Klarschiff zum Gefecht« aus dem gleichen Verlag.

das quer über der Seekarte in der Nähe lag. Das Logbuch hatte sich genauso verändert wie er selbst. An den Ecken abgenützt, vielleicht gereift. Er starrte auf das Datum auf der aufgeschlagenen Seite. 10. April 1781. Es war fast auf den Tag genau drei Jahre her, seit er in English Harbour zum erstenmal an Bord dieses Schiffes gekommen war, um das Kommando zu übernehmen.*) Er konnte, ohne eine Bewegung zu machen, durch das umfangreiche Logbuch hindurch zurückblicken, und obwohl er nicht einmal eine Seite berührte, konnte er sich so viele der Ereignisse ins Gedächtnis zurückrufen, Gesichter und Begebenheiten, die Anforderungen, die an ihn gestellt worden waren, und wie er mit unterschiedlichem Erfolg damit fertig geworden war.

Er hatte oft in ruhigen Momenten in der Kajüte versucht, eine Art von vorherbestimmter Linie in seinem Leben herauszufinden, die über die naheliegenden Erklärungen von Glück oder günstigen Umständen hinausging. Bis jetzt war ihm dies nicht gelungen. Und als er nun in der gewohnten Kajüte saß, in der sich so viel ereignet hatte, konnte er akzeptieren, daß das Schicksal sehr viel mit seinem Hiersein zu tun hatte. Wenn es ihm, als er die *Trojan* verlassen hatte, nicht gelungen wäre, eine Prise auf dem Wege nach Antigua zu kapern, oder wenn es bei seiner Ankunft keine Gelegenheit zur sofortigen Beförderung gegeben hätte, wäre er wahrscheinlich noch immer Leutnant auf dem alten Linienschiff. Und wenn ihn bei diesem ersten Geleitzug Colquhoun nach English Harbour zurückgeschickt hätte, anstatt selbst zu fahren, wäre es ihm dann jemals gelungen zu beweisen, daß er in Geschick oder Glück mehr als Durchschnitt war?

Vielleicht war Colquhoun's schicksalhafte Entscheidung an jenem weit zurückliegenden Tag die Chance gewesen, der Wink des Schicksals, der ihn auf seinen endgültigen Weg gewiesen hatte.

Bolitho war nach Antigua nicht nur als ein Offizier zurückgekehrt, der wieder zu seiner Schwadron stößt, sondern zu seinem eigenen Erstaunen als eine Art Held. In seiner Abwesenheit hatten sich Geschichten von der Rettung der Soldaten aus der Delaware Bay und der Zerstörung der Fregatte schnell ausgebreitet. Nachdem die Neuigkeiten vom Ende der *Bonaventure* bekannt wurden und er mit den geretteten Passagieren ankam, schien es, als ob jeder-

---

*) Dies wird im 1. Band erzählt. Er ist im gleichen Verlag erschienen und sein Titel lautet: A. Kent, »Klarschiff zum Gefecht«.

mann ihn sehen wollte und ihm die Hand zu drücken wünschte. Die *Bonaventure* war sogar noch viel gefährlicher gewesen, als Bolitho zu dieser Zeit annahm, und ihre Erfolge waren ungeheuer. Ihr Verlust mochte für den Feind wenig bedeuten, für die Briten aber bedeutete er eine enorme Stärkung ihres angeschlagenen Stolzes und Selbstvertrauens.

Der Admiral hatte ihn in Antigua mit kaum unterdrückter Freude empfangen, und seine Hoffnungen für die Zukunft deutlich zum Ausdruck gebracht. Andererseits war Colquhoun der einzige gewesen, der ihn weder ermutigt noch seine in so kurzer Zeit erreichten Leistungen gelobt hatte.

Wann immer Bolitho sich an ihr erstes Zusammentreffen erinnerte und an Colquhoun's Warnung über das Los eines Kapitäns, wurde er an die schmale Spanne zwischen Ruhm und Vergessen erinnert. Wäre Colquhoun beim ersten Geleitzug geblieben, hätte er wahrscheinlich nicht das Schicksal der *Miranda* geteilt, denn er war zu schlau und vorsichtig, um irgend etwas als gegeben hinzunehmen. Wenn er das Glück gehabt hätte, die *Bonaventure* zu treffen und zu zerstören, hätte er das Einzige errungen, woran ihm etwas lag, genau wie Commander Maulby es gesagt hatte, nämlich die unerschütterliche Macht eines Flaggrangs, oder zumindest den begehrten Breitwimpel eines Kommodore. Statt dessen war er geblieben, was er vorher war, Fregattenkapitän, und würde wahrscheinlich, da der Krieg sich so rasch änderte, sogar den Befehl über diese kleine Flotte verlieren. Maulby nannte ihn nicht länger »kleiner Admiral.«. Heute schien dies sogar für ihn zu grausam zu sein.

Acht Glasen schlugen vom Vorschiff, und er konnte sich mühelos vorstellen, wie die Mannschaft sich für das Mittagsmahl vorbereitete, die willkommene Portion Rum. Über seinem Kopf würden Tyrell und der Steuermann ihre mittäglichen Messungen vornehmen und ihre Ergebnisse vergleichen, ehe sie sie in die Seekarte eintrugen.

In dem Jahr nachdem Bolitho den großen Freibeuter zerstört hatte, gab es für ihn die nächste Überraschung. Der Admiral hatte ihn zu sich rufen lassen und ruhig verkündet, daß die Admiralität ebenso wie er selbst es für richtig hielt, dem Kommandanten der *Sparrow* eine Chance zur Erweiterung seiner Erfahrung zu geben. Beförderung zum Korvettenkapitän. Sogar jetzt, nach achtzehn Monaten, fand er es schwierig, dies zu glauben.

Innerhalb der Flotte hatte dieser unerwartete Sprung auf der Erfolgsleiter einige Unruhe verursacht. Reine Freude seitens der einen, offener Neid seitens anderer. Maulby hatte die Neuigkeiten besser aufgenommen, als Bolitho zu hoffen gewagt hatte, denn er hatte den lakonischen Kommandanten der *Fawn* zu sehr schätzen gelernt, um die Freundschaft zerbrechen zu wollen. Maulby war dienstälter als er, hatte aber nur bemerkt: »Ich würde mir nicht wünschen, daß der Rang an jemand anders geht, also trinken wir darauf!«

An Bord der *Sparrow* hatte es keine geteilte Meinung gegeben. Sie alle schienen denselben Stolz, dasselbe Gefühl für Leistung zu teilen, das für sie zu keinem günstigeren Zeitpunkt hätte kommen können. Denn der Krieg hatte sich sogar im letzten Jahr sehr verändert. Er war nicht mehr eine Angelegenheit von Patrouillen oder Geleitzügen für die Armee.

Die großen Mächte hatten sich entschieden, und Spanien und Holland zogen zusammen gegen England, um die amerikanische Revolution zu unterstützen. Die Franzosen hatten eine gut zusammengestellte mächtige Flotte in den West Indies gemustert. Sie stand unter dem Oberbefehl des Compte de Grasse, des fähigsten und talentiertesten verfügbaren Admirals. Admiral Rodney kommandierte die englischen Schwadronen, da aber der Druck von allen Seiten täglich größer wurde, war es für ihn sehr schwierig, seine Truppen dorthin zu schicken, wo sie am dringendsten benötigt wurden.

Und die Amerikaner gaben sich nicht damit zufrieden, ihre Angelegenheiten den Verbündeten zu überlassen. Sie verwendeten weiterhin Freibeuter, wann immer es möglich war, und ein Jahr nach der Zerstörung der *Bonaventure* tauchte ein anderer Angreifer auf, um die Moral der Briten bis ins Innerste schwer zu erschüttern.

Der Freibeuter und frühere Sklavenhändler Paul Jones besiegte mit seinem Schiff *Bonhomme Richard* die Fregatte *Seraphis* vor der englischen Küste. Es machte keinen Unterschied, daß der Freibeuter, ebenso wie die *Seraphis*, aus der hitzig geführten Schlacht nur als zerschossenes Wrack hervorging. Es wurde von den englischen Kapitänen erwartet, daß sie Risiken eingingen und gewannen, und eine Niederlage so nahe der Heimat trug mehr dazu bei, als es die Amerikaner für möglich gehalten hatten, den

Krieg und seine Hintergründe in die Heimstätten der Engländer und auch in ihre eigenen zu tragen.

In den West Indies und entlang der amerikanischen Küste gewannen die Patrouillenfahrten eine neue Bedeutung. Bolitho hatte es immer für weit besser gehalten, daß die Augen der Flotte nicht unmittelbar von den autoritären Stellen überwacht würden. Getreu dieser Ansicht hatte der Admiral ihm eine fast völlige Unabhängigkeit angeboten. Er konnte nach eigenen Ermessen patrouillieren und den Feind nach seiner eigenen Methode suchen, selbstverständlich unter der Voraussetzung, daß seine Bemühungen von Erfolg gekrönt waren.

Bolitho lehnte sich in seinem Stuhl zurück und starrte an die Kajütdecke. Wieder ging ihm das Wort Glück durch den Kopf.

Maulby hatte über diese Erklärung gespottet. Er hatte einmal gesagt:

»Du bist erfolgreich, weil du dich dazu erzogen hast, wie der Feind zu denken! Verdammt, Dick, ich habe einen mit Konterbande vollgeladenen Lugger gefangen, der ganz vom Süden aus Trinidad kam, und sogar dieser elende Kerl hatte von dir und der *Sparrow* gehört!«

Bolitho gab zu, daß ganz gewiß eines stimmte, sie waren erfolgreich gewesen. Allein in den vergangenen achtzehn Monaten hatten sie zwölf Prisen aufgebracht und zwei kleine Freibeuter versenkt, mit einem Verlust von zwanzig Toten und Verletzten und ganz geringem Schaden am Schiff.

Er ließ seine Augen durch die Kajüte schweifen, die jetzt weniger elegant gestrichen war, fast sogar schäbig nach dem Dienst in so vielen Wettern. Es war eine seltsame Feststellung, daß abgesehen von der unerwarteten Beförderung, die durch den Uniformrock mit den weißen Aufschlägen und goldenen Besätzen symbolisiert wurde, äußerlich fast nichts darauf hindeutete. Und doch war er ein reicher Mann und zum erstenmal in seinem Leben unabhängig von seinem Zuhause und dem Besitz in Falmouth. Er lächelte traurig. Fast mußte man sich schämen, verhältnismäßig reich zu werden, nur weil man das Einzige tat, was einem Spaß machte.

Er runzelte die Stirn und versuchte sich auszudenken, was er sich kaufen würde, wenn sie die Erlaubnis bekommen sollten, einen Hafen anzulaufen. Und dies war längst fällig.

Trotz ihres mit Kupferblech beschlagenen Rumpfes war die Geschwindigkeit der *Sparrow* bei sonst einwandfreien Segelbedingungen um einen vollen Knoten herabgesetzt durch Schlingpflanzen, die dem Kupfer und allen ihren Bemühungen, sie zu entfernen, trotzten.

Vielleicht würde er etwas Wein kaufen. Wirklich guten Wein, nicht das saure Zeug, das normalerweise als die einzige Alternative zu fauligem Trinkwasser verwendet wurde. Ein Dutzend Hemden oder mehr. Er spielte mit dem Gedanken eines solchen Luxus. Augenblicklich besaß er nur zwei Hemden, die näherer Betrachtung standhalten konnten.

Vielleicht würde es möglich sein, irgendwo einen guten Degen zu finden. Nicht wie jenen, der an Bord des Freibeuters zerbrach, auch kein kurzer Säbel, wie er ihn seitdem benutzte, sondern etwas Besseres, Dauerhaftes.

Er hörte leise Fußtritte hinter der Tür und wußte, daß es Tyrell war. Er würde es auch zu jeder anderen Zeit gewußt haben, bei einer anderen Wache. Denn seit seiner Verwundung hinkte Tyrell und mußte einige Schmerzen ertragen.

In anderer Beziehung hatte sich der Erste Leutnant nicht sehr verändert. Vielleicht hatten auch die vergangenen drei Jahre sie einander so nahegebracht, daß er es nicht bemerkte. Anders Graves, der sich immer mehr zurückzuziehen schien und nach jedem Gefecht oder Scharmützel merklich nervöser wurde.

Auf Grund seiner Beförderung zum Kapitän stand Bolitho ein weiterer Leutnant zu, und diese Stellung wurde gerade an dem Tag frei, an dem die beiden Fähnriche das Schiff verließen, um sich der Prüfungskommission zu stellen. Heyward hatte mit fliegenden Fahnen bestanden, und rückschauend war es geradezu schwierig, sich ihn noch als Fähnrich vorzustellen.

Bethune hatte seine Prüfung nicht bestanden, und zwar nicht nur einmal, sondern gleich dreimal. Bolitho hatte sich schon wiederholt gefragt, wie er ihn loswerden könnte.

Er hatte Bethune sehr ins Herz geschlossen, wußte aber, daß er gegen dessen verbleibende, wenn auch schwindende, Chancen handelte, indem er ihn auf der *Sparrow* zurückhielt. Seine Navigationskenntnisse waren hoffnungslos, und seine Anstrengungen, das Achterdeck zu übernehmen und die Leute zum Segelsetzen anzuleiten, waren traurig anzusehen. Als Offizier der Seesoldaten, oder sogar als Infanterist, wäre er ganz annehmbar gewesen. Er konnte Befehlen gehorchen, wenn es ihm auch schwerfiel, diese zu formulieren. Im Geschützfeuer hatte er sehr viel Mut gezeigt und einen jugendlichen Stoizismus, an den nicht einmal die erfahrenen Seeleute so leicht herankamen. Jetzt, im Alter von 20 Jahren und ohne Hoffnung, die Prüfung zu bestehen, was er sich sehnlichst wünschte, fühlte er sich als fünftes Rad am Wagen. Heyward hatte versucht, ihm zu helfen, sogar als Bolitho gedacht hätte. Aber es nützte nichts. Die Schiffsmannschaft akzeptierte ihn mit einer Gutmütigkeit, die sie auch einem Kind entgegengebracht hätte. Sein Los wurde nicht erleichtert durch die Ernennung eines neuen Fähnrichs, der Heywards Platz einnahm.

Roger Augustus Fowler, 16 Jahre alt und mit den schmollenden Gesichtszügen eines verärgerten Ferkels, hatte es bald verstanden, eher zu Bethunes Elend beizutragen, als dieses zu erleichtern.

Fowlers Ankunft aus England hatte die Kluft zwischen Bolitho und Colquhoun noch vertieft. Der Junge war der Sohn des besten Freundes des Admirals, und daher war seine Ernennung auf dieses oder ein anderes Schiff fast ein königlicher Befehl. Der Nachkomme einer einflußreichen Persönlichkeit konnte für einen jungen und vielbeschäftigten Kapitän ein Hindernis sein, andererseits konnte er ihm aber auch Türen öffnen, die ihm sonst auf dem Dienstwege verschlossen geblieben wären.

Colquhoun hatte offenbar in der Ankunft des Jungen seine Chancen für letzteres gesehen und war außerordentlich wütend, als er erfuhr, der Admiral hätte die *Sparrow* seiner Fregatte *Bacchante* vorgezogen.

Fowler war seit acht Monaten an Bord und nicht beliebt. Es war etwas Undefinierbares. In Gegenwart seiner Vorgesetzten war er gehorsam und aufmerksam, konnte jedoch scharf und sarkastisch sein gegenüber Seeleuten, die mehr als doppelt so alt waren wie er. Er hatte eine bestimmte Art, seinen Gesichtsausdruck zu verschließen, wobei seine blassen Augen und hervorstehenden Lippen wie eine Maske wirkten. Sollte er jemals einen Kommandorang erreichen, würde er ein tyrannischer Vorgesetzter werden.

Es klopfte an die Türe und Bolitho verbannte seine Überlegungen in den Hintergrund.

Tyrell hinkte in die Kajüte und setzte sich an den Tisch. Unter seinem offenen Hemd war seine Haut fast mahagonifarben gebräunt, und sein Haar war unter vergangenen Sonnen etwas heller geworden. Er schob die Berechnungen über die Seekarte und sie betrachteten gemeinsam die ungefähre Position der *Sparrow*.

Im Süden lagen die nächsten Ausläufer der Bahamainseln, das Gebiet der unzähligen Riffs und Felsenklippen, der trügerischen Sandbänke und der Inselchen.

Ungefähr achtzig Meilen westlich lag die Küste von Florida, und im Osten die Hauptschiffahrtswege für die Schiffe, die von den Westindischen Inseln nach New York und zurück fuhren. Es war ein richtiges Gewirr von Inseln und engen Kanälen, obwohl es für das ungeübte Auge einer Landratte so aussehen konnte, als ob die See ruhig daläge, hier und da unterbrochen von friedlichen purpurroten Landklumpen, die in leichten Dunst gehüllt waren. Dem Seemann aber zeigte die Karte weit mehr, und das war weniger als er wissen mußte, um den wirklichen Grad der Sicherheit zu kennen. Eine kleine weiße Schaumkrone konnte auf ein verstecktes Riff hindeuten, der dunklere Fleck auf der Wasseroberfläche könnte eine Ansammlung von Schlingpflanzen auf einer unter der Oberfläche lauernden Felsspitze sein, deren scharfe Steine den Kiel eines Schiffes wegreißen konnten wie die Schale von einer Orange. Schließlich sagte Tyrell: »Ich schätze, wir haben den verdammten Kerl verloren.«

»Vielleicht.« Bolitho öffnete eine Schublade des Tisches und entnahm ihr zwei lange Tonpfeifen. Er reichte eine davon Tyrell, griff nach dem Tabaksbeutel und sagte dann: »Ist die *Fawn* immer noch in Sicht?«

Tyrell grinste. »Aber sicher. Ungefähr drei Meilen ostwärts.« Er stopfte den Tabak in seiner Pfeife fest und fügte hinzu: »Unser Ausguck glaubte, Brecher in Südwest zu sehen. Wenn das stimmt, müßte das die Mantilla Shoal sein.«

Bolitho zündete mit der herunterhängenden Laterne seine Pfeife an und ging dann ruhelos zu den Fenstern. In der Nähe der Fensterbank fühlte er, wie die schwache Brise wie Heißluft aus dem Schmiedeofen über sein Gesicht und seine Brust strich. Wenn der Wind wiederkäme, um die Segel wieder zum Leben zu erwecken, wäre es wünschenswert, daß er wie vorher aus Südosten käme. Es war nicht der richtige Zeitpunkt, um noch näher an diese tödlichen Untiefen herangetrieben zu werden. Sie mußten aber nahe genug daranbleiben, um mindestens drei Kanäle beobachten zu können, während die *Fawn* weiter östlich patrouillierte. Seit sechs Wochen hatten sie zusammen mit der anderen Korvette nach einem großen Blockadebrecher gesucht. Das französische Schiff war von Martinique aus mit nördlichem Kurs gemeldet worden, wahrscheinlich wollte es zur feindlichen Marinebasis nach Newport, Rhode Island. Eine solche Information von Spionen, oder anderen, die es nur auf Anerkennung oder Belohnung abgesehen hatten, war immer etwas zweifelhaft. Aber ein großes Kriegsschiff, von dem man einen Teil der Geschütze entfernt hatte um den schnellen Transport von Männern und Vorräten zu erleichtern, war zu wichtig, um ignoriert werden zu können.

Die dritte Korvette der Flotte, die *Heron*, befand sich irgendwo in südlicher Richtung, vor den Andros-Inseln, und Colquhouns *Bacchante* war, soviel er wußte, westlich im offenen Meer geblieben, zwischen den Bahamas und dem amerikanischen Festland.

Sobald sie Colquhoun's Aufsicht entronnen waren, hatte Bolitho die Korvetten auf ihre jetzigen Positionen gebracht. Auf der Seekarte schien die Möglichkeit, mit einem einzelnen Feind Kontakt aufzunehmen, gleich null zu sein, aber er wußte inzwischen, daß die See, wenn sie auch leer aussah, in Wirklichkeit durch verstreute Riffs und Klippen in Kanäle eingeteilt war und daß dies für Freund und Feind eine Gefahr darstellte.

»Wenn wir sie erwischen, haben wir uns wieder eine Feder verdient.« Tyrell beobachtete wie der Rauch seiner Pfeife durch das über ihm liegende Skylight abzog. »Manchmal frage ich mich, ob das für den Krieg überhaupt einen Unterschied macht.«

»Alles hilft, Jethro.«

Bolitho blickte ihn ernst an. Wie nahe sie sich gekommen waren. Die Anrede mit Vornamen, das rituelle Pfeiferauchen solange der Tabakvorrat reichte, alles war ein Zeichen dafür, was das Schiff aus ihnen gemacht hatte.

Zeit und Entfernung, die unter allen möglichen Bedingungen verbrachten Stunden und Tage, alle hatten die Gemeinschaft der *Sparrow* gezeichnet. Sogar die durch Tod oder Verletzung notwendigen Wechsel, Entlassungen oder Abkommandierungen waren nicht imstande, der Besatzung des kleinen Schiffes den Glauben an ihre Bestimmung zu nehmen.

Ungefähr ein Drittel der Mannschaft war seit seiner Kommando-
übernahme als Ersatz an Bord gekommen, darunter einige Kolo-
nisten, Neger, ein paar Matrosen der Handelsmarine, die von
einem heimwärtsfahrenden Schiff gepreßt worden waren und ein
einzelner Grieche, der von seinem eigenen Schiff desertiert war,
um dann als Gefangener an Bord einer französischen Brigg zu
gelangen. Diese Brigg, von der *Sparrow* als Prise aufgebracht,
hatte einige neue Männer eingebracht, und der Grieche hatte sich
als ausgezeichneter Hilfskoch erwiesen.

»Wie lange geben Sie dem Schiff?«

Bolitho überlegte. »Vielleicht noch eine Woche. Wenn es bis dann
nicht auftaucht, können wir annehmen, daß es an uns vorbeige-
fahren ist oder irgendwo umgedreht hat. Außerdem könnte es auf
eine der Patrouillen weiter südlich gestoßen sein.«

»Aye.« Tyrell gähnte. »Und dann können wir einige Zeit im Hafen
bleiben.«

Auf Deck trampelten Füße und sie hörten Buckle rufen: »Alle
Mann an Deck! Der Wind kommt zurück!«

Es klopfte an der Türe und Bethune spähte zu ihnen herein, sein
rundes Gesicht schweißüberströmt.

»Beste Empfehlungen von Mr. Buckle, Sir. Der Wind frischt von
Südosten auf. Die Marssegel der *Fawn* füllen sich bereits.«

»Ich werde nach oben kommen.« Bolitho wartete, bis sich der
Fähnrich zurückgezogen hatte, dann fragte er ruhig: »Was soll ich
nur mit ihm machen?«

Tyrell zuckte die Schultern. »Er kann nur durch ein Wunder befördert werden. Sollen wir ihm vielleicht unsere nächste Prise
anvertrauen?« Er schüttelte den Kopf, ehe Bolitho seine Meinung
äußern konnte. »Allmächtiger Gott, er würde samt der Prise ver-
lorengehen!«

Auf Deck wurden die Mannschaften bereits gemustert, während
die Segel sich unruhig im Wind bewegten, der Masttopstander
flatterte, als die erste Brise ihn erreichte.

»Klar bei Brassen!« Tyrell ging zur Reling und blinzelte in das
glänzende Licht. »Es wird bald bei uns sein, Burschen.«

Bolitho beschattete die Augen mit der Hand und beobachtete die
andere Korvette, ihre Segel füllten sich plötzlich und brachten sie
in einer langsamen Pirouette heran. Auf der glitzernden Ober-

fläche der See sah er die ersten vom Wind gekräuselten Wellen, dann fühlte er die von der Sonne ausgetrockneten Planken sich unter seinen Schuhen heben, die unmittelbare Antwort der Blöcke und Fallen.

Die Decks der *Sparrow* waren trocken wie Zunder, und es machte keinen Unterschied, wie oft sie befeuchtet wurden. Die Farbe blätterte in der Hitze ab, und als er sich umwandte, um die geschäftigen Männer zu beobachten, stellte er fest, daß es schwierig war, die Neger von seiner ursprünglichen Besatzung zu unterscheiden. Sie waren mager und vielleicht ausgedörrt, aber sie sahen gesund und strahlend aus, bereit zu allem.

»Soll ich jetzt den Backbordkutter zu Wasser lassen. Sir?« fragte Tyrell.

Bolitho nickte. Nur dadurch, daß sie die Kutter abwechselnd zu Wasser ließen konnten sie hoffen, sie vor dem Austrocknen zu bewahren.

»Ja. Sagen Sie Mr. Tilby er soll...« er hielt ein und fügte hinzu »Sagen Sie dem Bootsmann Bescheid bitte.«

Selbst nach sechs Monaten war es noch schwierig, seinen Namen nicht auszusprechen, oder zu erwarten, sein schweißbedecktes Gesicht nach dem Achterdeck ausschauen zu sehen.

Sie hatten vor der Great Bahama Bank einen spanischen Schoner aufgebracht, waren aber gezwungen gewesen, auf ihn zu feuern, da er sich nicht ergeben wollte. Dann, während die Enterhaken wie Schlangen durch die Luft flogen, war die *Sparrow* in altbewährter Art längsseits gegangen. Dieses Manöver war so gut eingeübt, daß es auch von den neuen Männern ohne weiteres akzeptiert wurde. Einige Pistolenschüsse, der Anblick der halbnackten Männer mit gezogenen Entermessern, dies genügte, um den Widerstand der Spanier zu brechen und alles war vorbei, fast ehe es begonnen hatte. Irgendwann mitten in diesem Manöver, als die Männer hin- und herrannten um Segel zu reffen und sich zum Entern fertigzumachen, während Bolitho mit dem Arm winkte, um dem spanischen Kommandanten zur Übergabe ohne Blutvergießen zu bewegen, war Tilby gestorben.

Nicht in der Hitze und dem Schrecken eines Gefechts oder in einer feindlichen Breitseite, sondern ruhig und ohne Umstände, während er an seinem Lieblingsplatz am Fuße des Fockmasts stand, von wo aus er gewöhnlich ein wachsames Auge auf das

Arbeiten seines Schiffs hatte. Dalkeith hatte ihn untersucht und berichtet, daß das Herz des Bootsmannes ausgesetzt hatte, wie eine Uhr, die abgelaufen ist und einfach nicht mehr weiter kann.

Sein Tod beeindruckte alle tief, die ihn gekannt hatten. So zu sterben war undenkbar. Tilby, der Seeschlachten und unzählige durch Trunkenheit verursachte Schlägereien in Hafenkneipen der ganzen Welt überstanden hatte, war hinübergeglitten, ohne daß jemand es bemerkte.

Als Tyrell seine Besitztümer zusammengesucht hatte, war Bolitho bestürzt, daß kaum etwas vorhanden war, was man unter der Mannschaft hätte versteigern können, um Geld für die Angehörigen zu sammeln, die er vielleicht in England hatte.

Zwei kleine Holzschnitzereien von Schiffen, auf denen er einmal gedient hatte, eines davon zerbrochen, eine Sammlung ausländischer Münzen, seine silberne Bootsmannspfeife, die ihm kein geringerer als Kapitän Oliver von der *Menelaus* überreicht hatte, wo er als Bootsmannsmaat gedient hatte.

Armer Tilby, er hatte nicht einmal gelernt, seinen eigenen Namen zu schreiben, und seine Sprache war die meiste Zeit auf das Notwendigste beschränkt. Aber er kannte sich mit Schiffen aus, und er kannte die *Sparrow* wie sich selbst.

Harry Glass, der dienstälteste Bootsmannsmaat, war an seine Stelle befördert worden, aber wie die meisten anderen konnte auch er es kaum fassen, daß er nun nicht mehr abhängig war von Tilby's brummiger Stimme und seinem stets wachsamen Auge.

Als er beobachtete, wie der Kutter aus seinem Klampen auf dem Geschützdeck gehievt wurde, fragte sich Bolitho, ob sich an Land überhaupt jemand um Tilby grämen würde.

Er berührte die sonnendurchglühte Reling und schauderte. Er war jetzt Kapitän, ein Traum, den er geträumt hatte seit er denken konnte, hatte sich erfüllt. Wenn nun der Krieg plötzlich zu Ende ginge, oder er durch andere Umstände gezwungen würde, die Marine zu verlassen, dann würde er von seiner jetzigen Position stürzen wie ein fallender Stein. Da er noch nicht in seinem höheren Rang bestätigt war, würde er als einfacher Leutnant auf Halbsold enden, und all dies wäre nur noch höhnische Erinnerung. Aber viel schlechter waren jene wie Tilby dran. Er ließ seine Augen über die Männer streifen, die in seiner Nähe an den Brassen arbeiteten, um die *Sparrow* wieder in den Wind zu bringen. Sie hatten überhaupt nichts. Wenn sie Glück hatten ein bißchen Prisengeld, vielleicht eine Prämie von einem wohlgesinnten Kapitän, sonst müßten sie sich mit weniger an Land begeben, als sie bei ihrer freiwilligen Meldung oder als sie gepreßt wurden, gehabt hatten. Das war ungerecht. Mehr noch, es war unehrenhaft, Männer so schäbig zu behandeln, wenn ohne deren Einsatz und Mut das Heimatland schon Jahre zuvor an den Feind gefallen wäre.

Er begann über das Deck zu gehen, das Kinn auf die Brust gepreßt. Vielleicht würde man dies eines Tages ändern können. Aus der Marine eine Institution machen, in der Männer aus allen Schichten genauso gerne wie er ihren Dienst in vertretbarer Sicherheit versahen.

»Wahrschau an Deck! Brecher Backbord voraus!«

Er tauchte aus seinen Gedanken auf und sagte: »Drehen Sie zwei Strich bei, Mr. Buckle. Wir wollen den Riffen weit aus dem Wege gehen bis wir klar sind.«

»Aye, Sir.«

Er wandte seine Aufmerksamkeit der anderen Korvette zu und bemerkte, daß es Maulby trotz der Hitze gelungen war, den Rumpf seines Schiffes neu zu streichen. Die *Fawn* hatte genau die gleiche Farbe wie die *Sparrow*, und jedem fremden Auge würde sie wie ein Zwilling vorkommen. Dies war ein anderer Teil von Bolithos hart erworbener Erfahrung. Wenn sie getrennt segelten, wurde durch die Tatsache, daß sie sich so ähnlich sahen, der Feind oder seine Spione unsicher gemacht. Wie auch durch den Flaggenspind, in dem fast jede fremde Flagge zu finden war. Täuschung und Überraschung waren der Erfolg des Feindes. Bolitho hatte sich ihre vergangenen Erfolge zunutze gemacht und drehte nun den Spieß um.

»West-Nordwest! Kurs liegt an!«

»Sehr gut.« Er blickte auf den Kompaß und auf die Trimmung der Marssegel. »Nicht viel Wind, Mr. Buckle, aber es genügt.«

Den ganzen Nachmittag und frühen Abend blieben die beiden Korvetten auf demselben Kurs, ohne daß sich der Wind in Stärke oder Verhalten geändert hätte.

Die erste Hundewache ging gerade zu Ende und Bolitho machte einen erneuten Versuch, seinen Brief zu Ende zu schreiben, als ein Segel aus Südwesten gemeldet wurde. Bolitho signalisierte an

Fawn, in der Nähe zu bleiben, und änderte seinen Kurs, um nach zuforschen. Doch als das Schiff keine Anstalten machte abzudrehen, nahm er an, daß es sich um ein befreundetes Schiff handelte. Der Ausguck bestätigte bald, daß es tatsächlich der kleine Schoner *Lucifer* der Flotille war. Dieser Segler war genauso beschäftigt wie sie alle, eher noch mehr, brachte Depeschen und erkundete Buchten und Flußmündungen, in denen sich sogar die Korvetten nicht mehr richtig bewegen konnten.

Im dumpfen bronzenen Sonnenlicht war sie ein prächtiger Anblick mit ihren großen Vor- und Achtersegeln, die über ihrem schmalen Rumpf wie Flügel ausgebreitet waren, wie sie da auf die Korvetten zukam mit wehenden Signalflaggen.

Bethune rief: »Haben Depeschen an Bord!«

Bolitho blickte Tyrell an. »Beidrehen, bitte.« Zu Bethune gewandt fügte er hinzu: »Signalisieren Sie an *Fawn*. Verbleiben in Position.« Er ging zur Reling hinüber, als Tyrell sein Sprachrohr senkte. »Man kann nie sicher sein. Vielleicht sind gute Nachrichten für uns dabei.«

Tyrell klammerte sich mit schmerzverzerrtem Gesicht an der Reling fest, als die *Sparrow* mit flappenden Segeln in den Wind drehte.

»Dieses verdammte Bein!« In ruhigerem Ton fuhr er fort: »Gute oder schlechte Nachrichten, es ist schön, einen Freund zu treffen. Ich fing schon an zu glauben, daß wir die Einzigen in diesen verlassenen Gewässern seien.«

Das Beiboot war schon unterwegs und Bolitho sah, daß Leutnant Odell, der Kapitän des Schoners, selbst kam, und er fühlte eine plötzliche hoffnungsvolle Erregung.

Odell kletterte am Schanzkleid empor und grüßte mit seinem Hut zum Achterdeck hin. Er war ein schneller, aufbrausender junger Mann, und man sagte von ihm, daß er leicht verrückt sei. Im Augenblick aber schien er ganz ruhig zu sein und händigte Bolitho, als er in der Kajüte angekommen war, zuerst den umfangreichen Umschlag aus, ehe er sagte: »Ich komme soeben von Kapitän Colquhoun.«

Er nahm ein Glas Wein von Fitch und starrte es an.

»Er ist sehr aufgeregt.«

Bolitho schlitzte den Umschlag auf und überflog die kritzelige Handschrift von Colquhouns Sekretär.

Tyrell stand an der Türe, und Bolitho bemerkte auch Buckles Schatten über dem Skylight oberhalb des Tisches. Er wollte nicht eigentlich lauschen, aber wenn er zufällig etwas hören sollte, na ja...

Er sah auf und sagte: »Kapitän Colquhoun hat ein Fischerboot aufgebracht und die Mannschaft ausgefragt.« Er strich das feuchte Papier auf dem Tisch glatt. »Das war vor einer Woche.«

Odell hielt sein leeres Glas vor sich und wartete, bis Fitch es wieder gefüllt hatte, ehe er trocken sagte: »In Wirklichkeit habe ich das Boot geschnappt, Sir«. Er zuckte bedauernd die Schultern. »Aber so wie es aussieht, scheint der gute Kapitän Colquhoun es zu übernehmen.«

Bolitho blickte ihn ernst an. »Hier steht auch, daß die Mannschaft wertvolle Angaben über den Franzmann machen konnte.« Er nickte Tyrell zu und schob den unfertigen Brief von der Seekarte herunter. »Das Schiff ist hier gesichtet worden, in der Nähe der Küste.« Sein Finger verhielt an der westlichen Spitze der großen Bahamainsel. »Inmitten der Inselchen. Nach Aussagen der Fischer führte es Reparaturen aus.«

Tyrell nickte langsam. »Das könnte sein. Wenn der Franzose wußte, daß die Jagd beginnt, wird er die gefährlichste Passage zwischen den Inseln genommen haben, um uns abzuhängen. Das heißt natürlich nicht, daß er immer noch dort ist.«

Bolitho stimmte zu. »Vor einer Woche. Nehmen wir noch ein paar Tage dazu, bis das Fischerboot den Ort erreicht hatte, an dem es von der *Lucifer* gesichtet wurde.« Er öffnete seinen Stechzirkel und beugte sich über die Seekarte. »Ungefähr dreißig Seemeilen von unserer jetzigen Position entfernt. Wir könnten bis morgen mittag vor der Insel sein, wenn sich der Wind hält.«

Odell sagte träge: »Soviel ich weiß, wünscht Kapitän Colquhoun, daß Sie den Franzosen aufscheuchen und sonst nichts, Sir?« Er lächelte. »Oder habe ich die Wünsche des guten Kapitäns falsch verstanden?«

Bolitho setzte sich und öffnete die Depeschen noch einmal. »*Bacchante* nähert sich durch den Nordwest-Providence-Kanal, während wir im Norden bleiben und den Franzosen verfolgen, wenn er zu fliehen versucht.«

Odell nickte zufrieden. »Die *Bacchante* kann jetzt nur noch knapp zwanzig Meilen vor ihrer Angriffsposition sein, Sir. Ich muß sie wiederfinden und berichten, daß ich Sie getroffen habe und daß Sie Ihre Instruktionen verstehen.«

Bolitho blickte ihn kurz an. »Danke. Ich habe sie verstanden.«

Der Leutnant stand auf und griff nach seinem Hut. »Ich werde jetzt zu meinem Schiff zurückkehren. In diesen Gewässern möchte ich nicht nach Einbruch der Dunkelheit erwischt werden.«

Zusammen beobachteten sie, wie der Leutnant zum Schoner zurückgerudert wurde.

Dann sagte Tyrell bitter: »Es ist ziemlich klar, daß Kapitän Colquhoun es sich in den Kopf gesetzt hat, den Franzosen als Prise zu nehmen, nur für sich allein, und wir dürfen gerade noch als Treiber mitspielen.«

»Da ist etwas, was mir viel mehr Sorgen macht.« Bolitho rieb sich das Kinn. »Das Fischerboot war klein, wie es in den Depeschen steht. Viel zu zerbrechlich, um draußen im tiefen Wasser zu sein, wo es erwarten konnte, *Bacchante* oder eine andere Fregatte zu finden. Es war nur ein Zufall, daß es die *Lucifer* traf, denn wir beide wissen, Jethro, daß Schoner im Dienste des Königs hier selten sind.«

Tyrells Augen blitzten im verblassenden Sonnenlicht. »Sie meinen, daß die Fischer nach einem anderen Schiff Ausschau hielten?«

Bolitho sah ihm in die Augen. »Aye.«

»Aber es gibt nur uns und die *Fawn* zwischen hier und der Küstenschwadron, und ihre nächste Patrouille muß ungefähr vierhundert Meilen weit weg sein.«

»Genau.« Bolitho blickte achteraus zu der anderen Korvette, deren Marssegel schon von den länger werdenden Schatten gezeichnet waren. »Und wer wüßte dies besser als einige Fischer von den Inseln?«

Tyrell atmete langsam aus. »Teufel, soll das heißen, daß wir diese Information bekommen sollten? Aber als sie Colquhoun in die Finger kam, wollten sie ihre eigene Haut retten.«

»Ich weiß nicht.« Bolitho schritt zu den Wanten und zurück zum Kompaß, ohne eines von beiden zu sehen. »Der Kommandant der *Fawn* hat mir vor einiger Zeit etwas gesagt. Nämlich daß unsere Fischzüge sehr bekannt werden, was mit anderen Worten heißen soll, daß sie dem Feind wehtun.«

Tyrell nickte. »Eine Falle. Ist das wahrscheinlich?« Er deutete mit einer Hand über die See. »Wir sind doch sicherlich nicht so wichtig.«

»Das hängt davon ab, was der Feind vorhat.«

Bolitho wandte sich um, er fühlte, wie ihm ein Schauer den Rücken hinunterlief. Dies war ein neues, ein unheimliches Gefühl. Allein der Gedanke, daß jemand über ihn diskutierte, sozusagen einen Verfolgungsplan wie nach einem gesuchten Verbrecher aufstellte!

Aber es schien doch so zu sein, und er mußte sich darauf einstellen. Flotten und wertvolle Geleitzüge blieben östlich oder westlich der Bahamainseln, also war es viel wahrscheinlicher, daß es der Feind auf eine ganz bestimmte Prise abgesehen hatte.

Er sagte. »Wir werden heute nacht für die *Fawn* eine Hecklaterne setzen. Bei Tagesanbruch werde ich Commander Maulby mitteilen, was ich davon halte.« Er grinste, plötzlich amüsiert von seiner ungewöhnlichen Vorsicht. »Oder vielleicht habe ich bis dahin auch die Geister vertrieben.«

Tyrell beobachtete ihn zweifelnd. »Für unsere Feinde, und besonders für die Franzosen, sind Sie wie ein Dorn.« Er runzelte die Stirn. »Und es gibt nur eine Art, mit Dornen fertigzuwerden, und das ist herausziehen und darauf herumtrampeln!«

Bolitho nickte. »Einverstanden. Wir werden auf unserem neuen Kurs bleiben, aber darauf vorbereitet sein, jedes Ereignis als Trick oder Hinterhalt zu betrachten, bis sich das Gegenteil herausgestellt hat.«

Er schaute zwar nach der *Lucifer* aus, aber sie war nicht mehr als ein kleiner Punkt in der Abenddämmerung. Er verfluchte Colquhoun, weil er nicht mehr Informationen über das Fischerboot geliefert hatte, woher es kam oder die Zuverlässigkeit seiner Mannschaft. Dennoch tat er ihm fast leid. Er war offensichtlich ängstlich auf seine eigene Zukunft bedacht, und jetzt, da sich ihm die Chance bot, eine reiche Prise aufzubringen, und wahrscheinlich auch noch militärische Information, konnte er an nichts anderes denken.

Er ging hinunter in seine Kajüte und betrachtete die Seekarte im Licht der sanft schwingenden Laterne. Zwischen seinen Händen waren die Inseln, die unzähligen Riffe und Untiefen wie die Öffnung eines gigantischen Beutels, um den die Flotte Colquhouns, zufällig oder nicht, immer engere Kreise zog, um sich mit der Endgültigkeit einer Schlinge zu schließen.

Bolitho seufzte und drehte sich um, um sich aus einem der Fenster zu lehnen. Im abgeschirmten Strahl der Hecklaterne glühten die kleinen Schaumkronen wie blaue Wolle, und dahinter war der Horizont blaß geworden und verschwamm im Licht der ersten fahlen Sterne.

Dann berührte er die Narbe unter der Haarlocke und bemerkte, daß sie schmerzte, mit dem Herzschlag pulsierte. Er wußte, daß er unruhig war, vielleicht um so mehr, als er keinen eigentlichen Grund dafür finden konnte.

Oben hörte er Graves murmeln, als er die Wache übernahm, und Tyrells hinkenden Schritt, als er zum Mannschaftsniedergang ging. Normale, gewohnte Geräusche, die ihm sonst ein Gefühl der Freude vermittelten. Jetzt hatte er plötzlich Angst. Vielleicht lag es daran, daß sie von Menschen kamen, die er kennengelernt hatte, und nicht nur die Ausdehnung der Möglichkeiten des Schiffes bedeuteten. Er fürchtete sich nicht vor dem Feind oder vor dem allgegenwärtigen Tod, sondern vor seiner Verantwortung, die ihr Vertrauen ihm gegeben hatte.

Strategie und Bosheit

Bolitho befestigte gerade hastig seine Halsbinde, als Tyrell seinen Kopf durch das Kajütenskylight steckte und rief: »Die *Bacchante* hat signalisiert, Sir! Bitten Kapitäne an Bord!«

»Ich komme sofort hinauf.«

Er warf sich den Rock über und blickte in der Kajüte herum. Er sah Colquhoun nicht sehr oft, hatte aber gelernt, daß es am besten war, nichts zu vergessen.

An Deck wurde die Gig bereits über das Schanzkleid geschwungen, und als er zur *Fawn* hinüberblickte, sah er, daß ihr Boot bereits im Wasser war und Maulby sich beeilte hineinzukommen.

Es war früher Nachmittag, und er fühlte das brennendheiße Deck durch seine Schuhe hindurch. Die ganze Nacht waren sie, die *Fawn* so nahe wie es die Sicherheit eben noch zuließ, gen Süden gefahren und hatten die ausgedehnte Barriere der Sandbänke und Untiefen zehn Meilen backbord liegen lassen. Es hatte aber länger gedauert als er gehofft hatte, die *Bacchante* zu finden; sobald der Ausguck ihre Marssegel gesichtet hatte, flaute der Wind bis auf eine winzige Brise ab und die Sonne brannte auf das Schiff mit versengender Glut.

Während er darauf wartete, daß die Mannschaft der Gig ihr Boot fertigmachte, wendete er sich um und schaute auf die gegenüberliegende Seite, zu dem formlosen blauen und purpurroten Klumpen, von dem er wußte, daß es das westliche Ende der großen Bahamainsel war. Colquhoun ging kein Risiko ein. Er war weit genug vom Land entfernt, um entweder selbst genug Aktionsraum zu haben oder den Feind daran zu hindern, seine Absichten zu erkennen.

»Gig ist klar, Sir.«

Er ging schnell zur Schanzkleidpforte und sagte zu Tyrell: »Achten Sie besonders auf Kundschafter irgendwelcher Art. Schicken Sie einen Kutter hin, wenn sie näher kommen. Warten Sie meine Befehle nicht ab.«

Gleich darauf saß er im Boot und setzte sich auf eine heiße Ducht. Stockdale stand an der Pinne und dirigierte das Boot auf die Fregatte zu.

Die *Bacchante* hatte beigedreht, ihre Segel flappten lose, und man sah ihren kupfernen Rumpf, als sie unruhig in der Dünung rollte. Das ist ein feines Schiff, dachte er. Schön geschnitten und von einem Fachmann entworfen. Mit sechsunddreißig Geschützen und der Möglichkeit, viele Monate mit ihren eigenen Vorräten auszukommen, war sie, oder sollte es jedenfalls sein, ein Traumziel für den Ehrgeiz jedes jungen Kapitäns. Sie schien überhaupt nicht zu Colquhoun zu passen.

Stockdale murmelte vor sich hin, und Bolitho wußte, daß er seinen Gegenspieler von der *Fawn* verfluchte, der es immer irgendwie fertigbrachte, sein Boot überall etwas schneller hinzubringen.

Die Gig drehte sich etwas, die Riemen schwangen gemeinsam zurück, als der Bootsmann an der Jakobsleiter der Fregatte festhakte. Der über sie fallende Schatten der *Bacchante* gönnte ihnen eine kurze Pause vor der flirrenden Hitze.

Bolitho kletterte an der Seite hoch, schwang seinen Hut und nahm wieder Haltung an, als die Bootsmannspfeifen zum Salut schrillten und einige Matrosen mit roten Röcken ihre Musketen präsentierten. Der erste Leutnant, ein hagerer, gequält aussehender junger Mann, verneigte sich.

»Der Kapitän ist achtern, Sir. Er bereitet seine Strategie vor, andernfalls...«

Maulby trat aus dem Schatten des Schanzkleides und ergriff seinen Arm. »Andernfalls, mein lieber Freund, würde er die große Güte gehabt haben, uns an der Schanzkleidpforte zu empfangen, nicht wahr?« Er lachte über die Bestürzung des Leutnants. »Sie, Sir, verdienen eine hohe Anerkennung für Ihr Ausharren an Bord dieses Schiffes.»

Gemeinsam schritten sie zur Heckkajüte und zogen automatisch die Köpfe ein, obwohl genügend Raum vorhanden war.

Ein Seesoldat schlug die Hacken zusammen und öffnete die Kajütentüre. Seine Augen bewegten sich nicht, bis beide Offiziere über die Schwelle getreten waren.

Colquhoun stand an den Heckfenstern und sah mit offensichtlicher Ungeduld auf seine Uhr.

»Sie sind also gekommen, meine Herren.« Er setzte sich an seinen Tisch. »Endlich.«

Bolitho entspannte sich etwas. So würde es also in diese Richtung laufen.

Er antwortete: »Wir hatten in der Nacht widrige Winde, Sir.«

Maulby fügte ruhig hinzu: »Und ich dachte, Sie könnten näher an Land sein, Sir. Wir scheinen hier etwas — hm — ab vom Tatort zu sein.« Er blickte zu seinem eigenen Schiff hinüber, das ungefähr eine Kabellänge von der *Bacchante* entfernt unruhig hin- und herrollte. »Aber ich nehme an, daß Sie einen Grund dafür haben, Sir.«

Colquhoun starrte ihn einen Moment fest an, als ob er die Wahrheit seiner Worte prüfen wollte. Aber glücklicherweise schien er Maulbys Sarkasmus nicht zu bemerken.

Er schnappte: »Sehen Sie sich meine Karte an.« Sie umstanden ihn, und er bezeichnete die Punkte mit seinem Messingstechzirkel.

»Hier ist der Franzose. Ich habe vor Beginn der Morgendämmerung einen Kutter zum Erkunden geschickt.« Er schaute triumphierend auf. »Jetzt ist also Schluß mit Spekulationen.«

Bolitho beugte sich noch mehr über die Karte. Was für ein ausgezeichneter Platz! Von der westlichen Spitze der Hauptinsel verlief die Kette der Riffe und Sandbänke ungefähr vierzig Meilen nach Norden und vereinigte sich dort mit der berüchtigten Mantilla Shoal. Die letztere krümmte sich nach Osten wie eine Riesenschlange und umschloß das offene Wasser der sogenannten Little Bahama Bank. An einigen Stellen war das Wasser nur wenige Fuß tief, und die tieferen Stellen waren selten und weit verstreut.

Nach Colquhouns Bezeichnungen auf der Karte war das französische Schiff entweder durch eine dieser Sandbänke gefahren oder hatte sie umrundet, um auf der anderen Seite der Insel abzuwarten. Es war ausgezeichnet für jemand, der ein Scharmützel vermeiden wollte. Denn an dieser Seite und auch sonst in dem Kanal war die Tiefe über zweihundert Faden. Jede Hoffnung auf einen Nahangriff wurde durch die steile Küste der Insel zunichte gemacht. Auf der anderen Seite, innerhalb der Little Bahama Bank, war das Wasser sehr seicht und sandig, ganz ideal für einen Kapitän, der sein Schiff überholen und kleinere Reparaturen durchführen wollte.

»Ist Ihr Kutter gesehen worden?« Maulby schaute nicht auf.

»Natürlich nicht!« Colquhoun schien schon bei der einfachen Vorstellung ärgerlich zu werden. »Mein Erster Leutnant hatte das Kommando. Er weiß, was mit ihm passieren würde, falls er eine solche Nachlässigkeit zuließe.« Mühsam beruhigte er sich wieder. »Er sah viele Lichter auf dem Wasser. Der Kutter pullte durch die Brandung und dann zwischen zwei Sandbänke, um den Feind bei der Arbeit zu beobachten. Es ist ein großes Schiff, wahrscheinlich eine vierzig-Kanonen-Fregatte, bei der einige Geschütze entfernt wurden. Sie muß auf Grund gelaufen und beschädigt worden sein, einige Zeit nachdem sie in die Inseln einfuhr.«

Bolitho betrachtete sein Profil. Colquhoun war sehr erregt, darüber gab es keinen Zweifel, auch wenn er sich alle Mühe gab, seine wirklichen Gefühle zu verbergen. Ein starker Brandygeruch hing in der Luft, und er vermutete, daß der andere bereits heimlich den Sieg gefeiert hatte, den er in der Tasche zu haben glaubte.

Er fragte ruhig: »Was haben Sie vor, Sir?«

Colquhoun schaute ihn fragend an. »Ich nehme fest an, daß der Feind seine Reparaturen beinahe beendet hat. Er wird nun entweder die Reise fortsetzen oder nach Martinique segeln, wenn er schwer beschädigt ist und weitere Hilfe benötigt. In jedem Falle müssen wir sofort handeln und eine weitere Jagd vermeiden.«

»Ich würde eine Bootsaktion vorschlagen, Sir. Wir könnten die Sandbank von zwei Richtungen überqueren und sie abschneiden, ehe sie merken, was passiert. Mit Männern und Booten von allen drei Schiffen können wir ihren Widerstand mit der Dunkelheit auf unserer Seite brechen.«

Colquhoun sagte leise: »Und Sie würden selbstverständlich das Oberkommando über die Boote haben?«

Bolitho errötete ärgerlich. »Ihre Fregatte ist um die Hälfte zu groß, um in diesen begrenzten Gewässern von Nutzen zu sein, Sir! Wenn der Franzose weglaufen will, oder beschließt zu kämpfen, werden Sie an Bord nötig sein, um Ihr Schiff unverzüglich in Aktion zu setzen.«

»Ruhig, Bolitho.« Colquhoun lächelte freundlich. »Sie reagieren hitzig auf meine Worte. Eine solche Hast deutet eher auf Schuld als auf Überzeugung hin.«

Er drehte sich rasch um, ehe Bolitho antworten konnte. »Sie, Maulby, werden heute nacht die *Fawn* über die Sandbank bringen, wenn nötig mit Hilfe der Riemen, aber ich wünsche, daß Sie morgen bei Anbruch der Dämmerung in Position sind.« Er beugte sich wieder über die Seekarte. »Wenn der Feind sein Schiff so weit repariert hat, daß er wieder segeln kann, wird er ohne Zweifel hoffen, einen der drei Kanäle zu erreichen. Gegen Norden könnte seine Durchfahrt von widrigen Winden und der Flut negativ beeinflußt werden. Süden ist wahrscheinlicher — in diesem Fall ist die *Bacchante* in guter Stellung, um ihn in Empfang zu nehmen, wenn er um die Landzunge biegt. Wenn er aber immer noch festhängt oder überholt, dann können Sie ihn an Ort und Stelle der Länge nach beschießen. Er wird einsehen, daß es nutzlos ist, zurückzuschießen. Ein paar Löcher mehr werden genügen, um ihn vollends unbeweglich zu machen, oder zumindest so lange, bis wir da sind und drastischere Maßnahmen ergreifen können.« Er hob einen Finger und drohte in die Luft. »Aber ich kenne diese Franzosen. Sie werden nicht schießen, wenn die Umstände so sehr gegen sie sprechen.«

Über seine gebeugten Schultern hinweg blickte Maulby Bolitho an und zuckte mit den Schultern.

Bolitho sagte nichts, weil er wußte, daß Colquhoun auf seinen Protest wartete. Die *Sparrow* eignete sich viel besser für die von Colquhoun gestellte Aufgabe. Ihre Bewaffnung war schwerer und ihre Zweiunddreißigpfünder waren viel genauer und tödlicher als die schwächere Batterie von Neunpfündern der *Fawn*. Er wußte jedoch, daß jede Bemerkung in dieser Richtung nur Colquhouns Andeutung von vorher bestätigen würde, nämlich daß er selbst nach mehr Ruhm und Erfolg strebe, oder daß er für diese Mission ein besserer Mann als Maulby sei.

Maulby fragte langsam: »Werden Sie auch Männer über Land senden, Sir?«

Colquhoun schaute sie immer noch nicht an. »Um Gottes willen! Das halte ich für unnötig.«

Bolitho sagte: »Das ist ein vernünftiger Vorschlag, Sir. Ich würde eine Bootsaktion bei Nacht vorziehen, aber bei Tageslicht würde eine Gruppe Männer, einschließlich Ihrer Seesoldaten, ohne weiteres...« Er kam nicht weiter.

Colquhoun schnellte hoch wie eine losgelassene Feder. »Genug jetzt! Mein Plan läßt keinen Spielraum für Ihr nervöses Herumgehampele auf den Felsen wie eine Schar verdammter Eidechsen! Der Franzose ist so gut wie besiegt, und ich habe vor, ihn mitsamt der Ladung oder was auch immer sich bei näherer Inspektion zeigt intakt in den Hafen zu bringen!«

Er entfernte sich vom Tisch und starrte auf eine halbgefüllte Karaffe auf seinem Schreibtisch. Als er danach griff, sah Bolitho, daß seine Hand vor Ärger oder Erregung zitterte. Auch seine Stimme war unruhig, als er fortfuhr: »Und Sie, Bolitho, werden von Norden aus herankommen. Bleiben Sie bis zum Zeitpunkt des Angriffs außer Sicht, dann nehmen Sie mit mir wegen weiterer Order Kontakt auf.« Seine Finger schlossen sich wie Klauen um die Karaffe. »Das ist alles. Mein Sekretär wird Ihnen vor Verlassen des Schiffes noch die schriftlichen Einzelheiten des Angriffs geben.«

Er verließ die Kajüte und schritt schweigend zum Achterdeck.

Maulby sprach zuerst. »Dies wäre Ihre Angelegenheit, Dick. Ich bin damit einverstanden, daß Sie versuchen, den Feind abzuschneiden, aber auf jeden Fall steht Ihnen das Kommando zu, wenn Colquhoun die Absicht hat, ablandig zu bleiben.«

Bolitho klopfte ihm auf die Schulter. »Ich wünsche Ihnen allen Erfolg, aber Sie wissen das. Sie sind längst für eine Beförderung fällig, und ich hoffe, dies wird sie Ihnen bringen.«

Maulby grinste. »Ich gebe zu, daß ich mich über eine Chance freuen würde. Aber ich wünschte, ich könnte es mit weniger Bitterkeit tun.« Er blickte nach achtern. »Dieser Mann wird mit seinen verdammten Launen noch mein Tod sein.«

Bolitho biß sich auf die Lippen und versuchte, die richtigen Worte zu finden.

»John, bitte passen Sie gut auf. Ich weiß, daß Colquhoun diesen Sieg verzweifelt gerne haben möchte, aber ich teile seine Meinung über die Franzosen nicht. Sie kämpfen gut, sie kämpfen mit Mut. Sie geben sich nicht mit leeren Gesten zufrieden, noch nicht einmal angesichts von Kanonendonner.«

Maulby nickte mit ernsten Augen. »Keine Sorge. Wenn der Fran-

zose beschließen sollte, mit mir Geschütz gegen Geschütz zu kämpfen, werde ich abdrehen und auf Unterstützung warten.«
Bolitho zwang sich zu einem Lächeln. Maulby log, um ihm seine Sorgen zu erleichtern. Er log genauso, wie er es wahrscheinlich unter den gleichen Umständen getan hätte. Vor und nach einer Seeschlacht hatte man immer Zeit für Überlegungen und Gegenvorschläge, war man aber einmal mitten drin, dann gab es nur noch einen Gedanken. Zu kämpfen, und so lange weiterzukämpfen, bis der Feind geschlagen war oder sich die Flut gegen einen wandte.
»Boote längsseits!« Der Erste Leutnant grüßte ihn mit einem müden Lächeln. »Ist es vorüber, Sir?«
Maulby hielt seine schriftlichen Befehle in die Höhe. »Aye, geschafft.«
Der Leutnant seufzte. »Ich habe eine kleine Skizze gemacht, die Ihnen vielleicht nützlich sein kann. Die Gezeiten sind hier sehr schlecht, und die Dünung ist nicht besser. Aber wenn es dem Franzosen gelungen ist hineinzukommen, sollten Sie weniger Schwierigkeiten haben.«
Die beiden Gigs waren mit Haken an den Fallreeps festgemacht, und Bolitho sagte mit plötzlicher Dringlichkeit: »Ich werde sofort in See gehen, wenn ich bei Anbruch der Morgendämmerung auf Position sein muß.« Er streckte seine Hand aus. »Ich wünschte, ich könnte mit Ihnen kommen.«
Maulby erwiderte den Händedruck. »Ich auch.« Er grinste. »Aber wenigstens wird Ihnen der Anblick erspart bleiben, wie die *Fawn* Colquhoun mit einem Schlag reich und berühmt macht.«
Stockdale stand mit verwunderten Augen auf, als Bolitho am Fallreep der Fregatte hinunterkletterte.
Als das Boot abstieß und die Riemen den Schlag fanden, zischte er: »Wir werden also nicht kämpfen, Sir?«
Bolitho seufzte. Geheime Befehle, Schlachtpläne, dies bedeutete nichts auf dem Mannschaftsdeck. Stockdale hatte die Gig nicht verlassen, aber er und wahrscheinlich jeder Küchenjunge in der Flotte wußte, was gespielt wurde.
»Diesmal nicht, Stockdale.«
Er hatte Colquhouns Zurechtweisung schon vergessen, den berechneten Versuch, einen Keil zwischen ihn und Maulby zu treiben.

Er überlegte sich die Aufgabe der *Fawn*, die Erfolgschancen des Angriffs.

»Das ist nicht gerecht, Sir.«

Stockdale brummte ärgerlich an der Pinne.

Bolitho blickte ihn an. »Kümmere Dich um Deine Arbeit! Ich habe heute von Strategie schon mehr als genug!«

Stockdale beobachtete die eingezogenen Schultern des Kapitäns, die Art wie er seinen Säbel festhielt, so daß man durch seine sonnverbrannte Haut die Knöchel weiß durchscheinen sah. — *Es hat keinen Wert, mir etwas vorzumachen mein Junge — es ist trotzdem nicht gerecht, und was noch schlimmer ist — du weißt es auch!*

Stockdale legte die Ruderpinne und steuerte direkt auf die *Sparrow* zu.

Als der Bugmann am Fallreep anhakte, drehte sich Bolitho abrupt herum und sagte: »Aber trotzdem vielen Dank für deine Besorgnis.«

Stockdale stand mit der Mütze in der Hand da, während Bolitho nach der Strickleiter griff.

Er grinste seinen Rücken an. »Danke, Sir!«

Tyrell scheute sich ebenfalls nicht, seine Gedanken auszusprechen. »Das ist aber eine seltsame Wahl! Commander Maulby ist ein guter Offizier, aber...«

Bolitho drehte sich herum. »Bereiten Sie das Schiff zum Auslaufen vor. Setzen Sie die Royals sobald wir Fahrt machen, denn ich möchte mit dem vorhandenen Wind soviel Geschwindigkeit wie möglich machen!« Er lenkte wieder ein. »Tun Sie, was ich sage, Mr. Tyrell, und Schwamm drüber.«

Buckle schlenderte über das Deck, als Bolitho hinuntereilte, um seinen schweren Uniformrock auszuziehen.

»Was halten Sie davon, Mr. Tyrell?«

Tyrell runzelte die Stirn. »Dieser verdammte Colquhoun! Ich konnte ihn nie leiden. Genauso wie der verfluchte Ransome, seine Augen sind Schlitze, durch die der Teufel schaut!«

Buckle schüttelte den Kopf. »Der Kapitän ist besorgt, daran besteht kein Zweifel.«

»Nicht seinetwegen.« Tyrell beobachtete die Männer, wie sie an den Bootstaljen holten, als die Gig über das Schanzkleid gefiert wurde. »Das ist ebenfalls sicher.«

Bolithos scharfe Stimme kam durch das Skylight. »Wenn Sie fertig sind, meine Herren, wäre ich Ihnen sehr verbunden, wenn Sie sich an meine Befehle halten würden!«

Buckle schaute Tyrell an und lächelte dümmlich.

»Das ist typisch er! Unser Dick ist keiner, der zu lange grübelt!« Innerhalb einer Stunde war die *Sparrow* geisterhaft langsam auf ihrem Kurs nach Nordwest, alle Segel gesetzt, und ließ ihre Schwesterschiffe immer weiter achteraus zurück.

Der Wind frischte langsam auf, und als die ersten Sterne über den nach hinten geneigten Masten erschienen, hatten sie schon fast fünfzig Meilen zurückgelegt. Zurück auf demselben Kurs, auf dem sie in der vergangenen Nacht mit solcher Eile versucht hatten, Colquhoun zu treffen.

Aber da war nichts zu machen, und einige freuten sich sogar innerlich, daß ihnen die beschwerliche Durchfahrt der *Fawn* durch die Sandbänke erspart blieb.

Auf dem Achterdeck lehnte sich Leutnant Graves gegen die Reling, halb beobachtete er die lose flappenden Segel, halb hörte er dem Ächzen des Steuers zu oder den Stimmen der Seeleute auf Wache. Er dachte an sein Zuhause in Chatham und an die Neuigkeiten, die er mit einem seltenen Brief aus England erhalten hatte. Seine Familie war keine Seefahrerfamilie. Sein Vater hatte einen kleinen, aber gutgehenden Gemüseladen, dort waren Graves und seine Schwester geboren und aufgewachsen. Seine Mutter, eine kränkliche Frau, war, ein Jahr bevor die *Sparrow* von der Themse auslief, gestorben, und in den letzten Jahren hatte sein Vater offensichtlich zu trinken begonnen. Das Geschäft war verschuldet und seine Schwester hatte, wahrscheinlich aus Verzweiflung, einen verarmten Leutnant in der Armeegarnison geheiratet.

Sie hatte in ihrem Brief um Geld gebeten, nicht für sich selbst, sondern um ihren Vater nicht in den Schuldturm zu bringen. Graves hatte alles geschickt was er besaß, und das war wenig genug. Sein Anteil am Prisengeld der *Sparrow* würde natürlich viel helfen, aber solange er keine neuen Informationen von Zuhause erhalten hatte, war er nicht geneigt, es zu überweisen, schließlich hatte er es sich hart erarbeitet. Wenn er doch nur besser für die Gepflogenheiten der Marine geformt worden wäre. Wie zum Beispiel der Kapitän, dessen Seefahrerfamilie und berühmte Ahnen ihn von Männern wie ihn trennten. Oder sogar

Tyrell, der aller Autorität gegenüber so gleichgültig war, obwohl er sich dies weiß Gott nicht leisten konnte. Er konnte sich genau erinnern wie Tyrells Schwester an Bord gekommen war. Sie waren in Kingston, Jamaika, gewesen, wo sie bei Freunden gelebt hatte, um abzuwarten, bis die Schwierigkeiten, wie sie es nannte, in Amerika vorüber seien. Ein lebhaftes, lebendiges Mädchen, ohne die gleichgültige Einstellung Tyrells. Graves war sie wie eine Art Engel erschienen, die Erfüllung aller seiner Träume. Sie kam aus einer alteingesessenen und wohlhabenden Familie, und als seine Frau hätte sie ihm die Chance gegeben, sich zu verbessern, seinen rechtmäßigen Platz in der Welt zu finden, anstatt unsicher und vorsichtig zu bleiben. Tyrell hatte seine Absichten klar erkannt, sie jedoch weder unterstützt noch sich offen dagegen ausgesprochen. Dann hatte dieser Dummkopf einen Streit mit Kapitän Ransome wegen eines Mannes angefangen, der bestraft werden sollte. Graves konnte sich nicht mehr erinnern, ob die Bestrafung gerechtfertigt war oder nicht, es machte ihm auch nichts aus. Was klar blieb, war, daß Ransome sehr schlau vorgegangen war und allen seinen Charme, und der war beträchtlich, genutzt hatte, um den Widerstand des Mädchens zu brechen, seine eigenen Chancen zunichte zu machen und sie ihrem Bruder völlig zu entfremden. Aber Graves machte immer noch Tyrell verantwortlich, haßte ihn, wann immer er an sie dachte und wie sie ausgesehen hatte, als Ransome sie schließlich in Antigua an Land gesetzt hatte.

Er umklammerte die Reling bis der Schmerz ihn wieder beruhigte. Wo sie nun wohl war? Jemand hatte gesagt, sie sei wieder nach Amerika gesegelt, andere erwähnten einen vorüberfahrenden Indienfahrer nach Trinidad. Ob sie wohl jemals an ihn dachte? Ärgerlich mit sich selbst drehte er sich um, da er nach so langer Zeit noch zu hoffen wagte. Warum konnte er nie zufrieden sein, wenn es am nötigsten war? Vielleicht war er zu lange in diesem verdammten Gemüseladen gewesen, hatte seinen Vater über die Qualität reden hören, hatte gesehen, wie er sich vor Kunden verbeugte und erniedrigte, deren unbezahlte Rechnungen größer waren als seine eigenen Schulden.

Die Sorge um seine Schwester, seine eigene Unsicherheit, hatten auch auf andere Weise ihren Tribut gefordert. Er hatte es nach dem Gefecht mit der *Bonaventure* gefühlt, obwohl er mit den geretteten Passagieren an Bord der *Sparrow* gewesen war. Angenommen der Kapitän hätte es nicht geschafft, sie lange genug zu entern, um seinen verrückten Plan auszuführen? Hätte er die Kraft gehabt, die Sparrow gegen seine Befehle zu wenden und Bolitho und seine Männer zu retten? Wenn nicht Buckle und einige andere gewesen wären, bezweifelte er sehr, ob er es getan hätte, selbst als die beiden miteinander verbundenen Schiffe in Flammen aufgingen. Sie hatten die große Rauchwolke selbst am Horizont gesehen.

Und später, als sie bei den anderen Prisen längseits gegangen waren und mit Freibeutern Schüsse wechselten, hatte er gefühlt, wie sich die Furcht in seinem Innern breitmachte wie eine schleichende Krankheit. Niemand hatte es bemerkt. Bis jetzt. Er schüttelte sich und ging zur Luvseite hinüber, versuchte in der kühlen Brise einen klaren Kopf zu bekommen.

Die beiden Fähnriche standen an den Leewanten, und Bethune sagte ruhig: »Mr. Graves scheint sich Sorgen zu machen.«

Der neue Fähnrich, Fowler, ignorierte den Kommentar. »Nun schau her.« Er lispelte, was noch stärker hervortrat, wenn er versuchte, vor seinen Vorgesetzten unschuldig zu erscheinen. Jetzt merkte man es kaum. »Ich muß morgen das Schwabbern des Kabelgatt überwachen.«

Bethune beobachtete den Leutnant. »Ich weiß. Du bist an der Reihe.«

Fowler zeigte seine kleinen Zähne. »Tu du es für mich. Wenn wir wieder zur Flotte zurückkehren, werde ich mit dem Admiral sprechen.«

Bethune starrte ihn an. »Meinetwegen?«

»Vielleicht.«

Bethunes Dankbarkeit war pathetisch. »Och, wenn ich nur... Er nickte.« »Ja, ich werde mich um die Kabelmannschaft kümmern. Wenn ich sonst noch etwas tun kann...«

Der junge Mann betrachtete ihn kalt. »Ich werde es dich wissen lassen.«

Überall auf dem ganzen Schiff gab die Mannschaft ihren Hoffnungen und Träumen auf ihre eigene Art Ausdruck.

In seiner Kajüte saß Tyrell auf seiner Seekiste und massierte sein verwundetes Bein, während auf der anderen Seite des Schotts Bolitho den Brief an seinen Vater beendete.

In der schwach erleuchteten Offiziersmesse döste Dalkeith über einem Glas Rum und hörte Buckle zu, der wieder einmal eine Geschichte von der einen oder anderen Frau aus Bristol erzählte, während der junge Heyward ihm mit geschlossenen Augen zuhörte.

Ganz vorne am Bugspriet lehnte Yule, der Feuerwerker, mit von Wind und Gischt zerzaustem Haar mit dem Rücken gegen einen Pfosten, eine Flasche zwischen den Knien, seine verwirrten Gedanken galten Tilby und den guten Zeiten, die sie zusammen erlebt hatten.

Ganz unten in den Laderäumen, eine Laterne an der niedrigen Decke, inspizierte Lock, der Zahlmeister, eine Kiste Zitronen. Er prüfte jede einzelne wie ein Räuber sein Beute, während er Notizen in ein Heft machte.

Und unter ihrer blassen Leinwand beschützte die *Sparrow* sie alle. Ungeachtet ihrer verschiedenen Sorgen und Freuden, gleichgültig sogar der See gegenüber. Denn sie brauchte keinen von ihnen und schien zufrieden zu sein.

*

Sobald Bolitho das Achterdeck betrat, bemerkte er, daß der Wind sich gegen sie wandte, und zwar rasch. Er hatte tief geschlafen, als ein Steuermannsmaat in die Kajüte gekommen war, um ihm zu melden, daß Leutnant Heyward um seinen Rat ersuche.

Die mittlere Wache war erst halb vorbei, und die Sterne schienen sehr hell über den Ausgucks, aber als er mit bloßen Füßen unhörbar über die feuchten Planken eilte, hörte er die Topsegel heftig schlagen, fast schien es ihm eine Antwort auf das Ächzen der Stagen und Wanten zu sein.

Buckle stand neben dem Steuer, wie er selbst trug auch er nur seine Kniehosen; ein Beweis, wenn das noch nötig war, daß Heyward erst dann Hilfe geholt hatte, als es schon fast zu spät war.

»Nun?« Er blickte kurz auf das schräge Kompaßgehäuse und sah die Augen der Rudergänger schwach im Licht des Kompaßhauses glühen. »Ich warte, Mr. Heyward.«

Er wollte den jungen Leutnant nicht verwirren, und zu jeder anderen Zeit hätte er seinen Wunsch verstanden, die eigene Wache zu gehen, ohne Unsicherheit zu zeigen. Aber dies war nicht die rechte Zeit, und in diesen gefährlichen Gewässern würden sie schnell handeln müssen.

Heyward erklärte. »Der Wind schlug einen Strich oder so um, und ich ließ meine Wache die Rahen trimmen.« Er deutete vage über seinen Kopf. »Aber er wird jetzt immer stärker, ich fürchte wahrscheinlich von Nordost.«

Buckle murmelte. »Wir werden niemals rechtzeitig den Kurs ändern können, um die Spitze der Sandbänke zu erreichen, Sir.« Er betrachtete den Kompaß. »Nie!«

Bolitho rieb sich das Kinn, er fühlte, wie der Wind über seine nackten Schultern strich. Heyward war sehr unklug gewesen, die *Sparrow* so ihren Willen durchsetzen zu lassen. Vielleicht hatte er erwartet, daß sich der Wind wieder drehen würde, wie so oft in diesen Gewässern; was auch immer er gedacht oder gehofft hatte, jedenfalls zeigte der Bug jetzt fast nach Nordwest zu Nord, und das Schiff hielt auch diesen Kurs nicht sehr gut. Jede Minute entfernte sie mehr von der Sandbankkette, und es würde Stunden erfordern, bis sie sich mit Kreuzen und Wenden wieder zurückgekämpft hatten auf die Position, die Colquhoun angegeben hatte. Heyward sagte kläglich: »Es tut mir leid, Sir — ich dachte, ich könnte sie halten.«

Bolitho dachte angestrengt nach. »Sie können nichts für den Wind. Aber Sie müssen lernen, mich in Zukunft sofort zu holen, wenn Sie sich irgendwie unsicher fühlen. Ich werde nichts Schlechtes über Sie denken.« Er blickte Buckle an. »Was halten Sie davon? Es sind noch vier Stunden bis zur Dämmerung.«

Buckle war unzugänglich. »Unmöglich.« Er seufzte. »Ich fürchte, wir müssen hart am Wind bleiben und in ungefähr drei Stunden oder so über Stag gehen.«

Bolitho stellte sich die Seekarte vor und erinnerte sich genau an die nächsten Sandbänke, die Gezeiten.

»Befehlen Sie alle Mann, Mr. Heyward. Wir werden sofort über Stag gehen.«

»Aber Sir!« Buckle schien besorgt. »Wir werden niemals unseren vorgeschriebenen Kurs erreichen! Mit einem beständig wehenden Wind von Nordost ist es nicht möglich!«

Bolitho hörte das Schrillen der Bootmannspfeifen unter Deck, das plötzliche Getrampel von Füßen auf den Niedergängen und Leitern. »Ich stimme Ihnen zu, Mr. Buckle. Ich habe vor, durch die Sandbänke zu gehen.« Er blickte Tyrell an, der gerade auftauchte. »Wenn wir hier bleiben, werden wir niemals Hilfe anbieten können, wenn diese bei Tagesanbruch benötigt wird. Wenn wir einmal hinter der Sandbank sind, werden wir zumindest den Wind ausnützen können, wenn sich die Gelegenheit dazu ergibt.«

Graves rannte zum Achterdeck, seine Füße schienen gegenüber den flüsternden Stimmen sehr laut zu sein. Offensichtlich hatte er Zeit gefunden, seine Schuhe anzuziehen.

Bolitho sagte: »Nun gut. Lotgasten an den Bug, dann lassen Sie die Royals und die Marssegel wegnehmen.« Er sprach und dachte schnell. »Sagen Sie dem Bootsmann, er soll die Riemen losmachen lassen, falls der Wind ganz aufhört.«

Tyrell nickte. »Aye, aye, Sir. Ich glaube, wir haben eine faire Chance durchzukommen. Die Flut ist auf unserer Seite.« Er zögerte. »Wenn sie etwas zurückgeht, könnte es beschwerlich für uns werden.«

Bolitho lächelte trotz seiner Gedanken. »Gut gesprochen!«

Schreie ertönten vom Geschützdeck, wo Unteroffiziere ihre Ausgucks und Männer für die Brassen abzählten. Die meisten von ihnen kannten das Schiff so gut, daß die Dunkelheit keinen oder fast keinen Unterschied machte.

Bolitho nickte. »Segel reffen, Mr. Tyrell.« Er senkte seine Stimme. »So schnell wie möglich.«

Innerhalb von Minuten war sämtliche Leinwand von den oberen Rahen verschwunden, und die *Sparrow* hob und senkte sich mit laut im Wind knatternden Großsegeln in einer ungemütlichen Dünung.

Bolitho griff nach den Luvwanten, beobachtete die feinen Gischtstreifen, die über das Schanzkleid flogen und den extremen Winkel der Rahen, als Buckle mit Ruder und Segeln versuchte, das Schiff so hart am Wind zu halten, wie er es gerade noch wagen konnte Und die ganze Zeit überlegte er rasch. Sobald das Schiff auf Kurs war, würde der nächste Streifen der Sandbänke und Untiefen ungefähr zehn Meilen vor dem Bug liegen.

Eine falsche Einschätzung der Geschwindigkeit oder Entfernung oder eine falsche oder ungenaue Beschreibung auf der Karte genügte, um sie auf Grund auflaufen zu lassen. Niemand konnte ihn dafür zur Verantwortung ziehen, wenn er seinen ursprünglichen Befehlen gehorchte und dabei vom Wind aus dem Gebiet abgetrieben wurde. Colquhoun würde sich wahrscheinlich sogar freuen, ihn möglichst weit weg zu haben, wenn es auch nur aus dem Grunde wäre, die *Sparrow* nicht einmal als Zuschauer beim Schlußakt dabeizuhaben. Dafür, daß er seine genau festgelegten Befehle mißachtete, konnte er bestraft werden, aber mit etwas Glück würde er in besserer Position sein, um der *Fawn* helfen zu können, wenn der Franzose zu kämpfen beschloß. Bei dem Wind, der von Nordosten auffrischte, würde Colquhoun selbst Schwierigkeiten haben, zu gegebener Zeit in seinem Gebiet zu bleiben, und das allein könnte schon als Entschuldigung für Bolithos Handeln gelten.

»Fertig, Sir.«

Er biß auf die Zähne. »Ruder legen!«

Er fühlte, wie die See in einer starken Gegenströmung gegen den bewachsenen Kiel prallte.

»Ruder ist gelegt, Sir!«

Durch die Dunkelheit sah er, wie die Marssegel wild flappten, hörte das Getrappel von Füßen, als die Männer stetig an den Brassen holten, um die Rahen herumzuschwingen.

»Geitaue und Schoten!«

Graves' heisere Stimme dröhnte über Leinwand und Blöcken.

»Großsegel holen!«

Ein Mann stolperte in der Dunkelheit und eine scharfe Stimme stellte die Ruhe auf dem Geschützdeck wieder her.

Bolitho hielt sich in den Wanten fest und sein Körper schwang mit dem Rumpf herum, als die *Sparrow* ihren Klüverbaum hob, zögerte, und dann schwerfällig durch den Wind glitt.

»An die Brassen!« Tyrell lehnte sich über die Reling, als ob er jeden einzelnen Seemann in der Dämmerung ausmachen wollte.

»Kräftig, Leute! Noch mehr!«

Die *Sparrow* widerstand noch etwas, dann ging sie mit geblähten Segeln auf den entgegengesetzten Kurs, Gischt spritzte über die Niedergänge und durchnäßte die Männer drunten.

Bolitho mußte schreien, um sich in dem Lärm verständlich zu machen. »So hart es geht, Mr. Buckle!«

»Aye, Sir.« Er klang atemlos. »Kurs liegt an!«

Einige unangenehme Minuten, während die Männer an den Niedergängen herumhetzten. Hier und dort mußte ein Tau belegt werden. Die Männer zogen geschäftig an den Fallen, während am Bug die Leute, die ausgesucht worden waren, mit Leine und Lot bereitstanden, um mit dem Aussingen zu beginnen.

Schließlich war auch Buckle zufriedengestellt. »Süd zu Ost, Sir!«

»Sehr gut.«

Bolitho spähte zu den hart angebraßten Rahen hinauf. Nicht einmal eine Fregatte konnte so hart am Wind segeln. Kein Schiff konnte das.

Tyrell stapfte auf ihn zu, das Hemd klebte ihm am Körper. »Sie wollten das, nicht wahr, Sir?« Er schrie, aber seine Stimme ging im Getöse des Wassers unter. »Sie machten sich Sorgen um die *Fawn?*« Er fluchte, als sein Fuß ausrutschte, und hielt dann seine Hände an sein verwundetes Bein.

Bolitho stützte ihn und wartete, bis sich der Rumpf wieder aufgerichtet hatte.

»Langsam, Jethro! Schmerzt es sehr?«

Tyrell zeigte seine Zähne. „Dalkeith sagte, es könnten noch ein paar kleine Splitter im Knochen sein. Diese Pistolenkugeln können zerbersten, wenn sie in einen Mann einschlagen.« Er stand unbeholfen auf und grinste. »Es geht schon.«

Bolitho beobachtete, wie die Toppsgasten Stagen und Wanten herabglitten, und sagte dann: »Ja. Ich glaube, ich wollte es. Ich kann meine Furcht nicht erklären.« Er zuckte die Schultern. »Also werde ich es erst gar nicht versuchen.«

Er schob seine trüben Gedanken beiseite. »Jethro, ich möchte, daß die Leute jetzt ein Frühstück bekommen und einen Schluck Rum. Es hat keinen Sinn, bis Tagesanbruch zu warten, sie sind sowieso zu durchnäßt, um zu schlafen.« Er schnipste mit den Fingern. »Dann sollen die Feuer gelöscht und die Leute auf ihren Gefechtsstationen gemustert werden. Wir werden nicht klar zum Gefecht machen, aber ich möchte, daß jeder verfügbare Mann an Deck ist, wenn wir die Sandbank überqueren.«

»Was ist mit Heyward? Werden Sie ihn bestrafen?« Tyrell beobachtete ihn angestrengt.

Bolitho schüttelte den Kopf. »Er hat seine Lektion gelernt, es ist nichts passiert. Als ich ein junger Leutnant war, bin ich einmal auf Wache eingeschlafen.« Seine Zähne schimmerten weiß durch die Dunkelheit. »Ich bin bei Gott nicht stolz darauf, aber ich habe es nie wieder getan!«

Er ging hinüber zum Niedergangsluk. »Ich werde hinuntergehen und etwas anziehen. Es geht nicht an, daß unsere Leute ihren Kapitän bei Tageslicht so sehen.« Er lachte, und das Lachen klang bis zu einem einsamen Matrosen in die Großrah hinauf. »Ich lebe vielleicht wie ein Wilder, aber ich muß ja schließlich nicht so aussehen!«

Tyrell drehte sich wieder zur Reling herum und zog sein Bein hoch, als der Schmerz es durchzuckte. Soeben hatte er wieder einen anderen Bolitho kennengelernt. Nackt bis zur Taille, das schwarze Haar über der Stirne festgeklebt, hatte er genauso jung, wenn nicht jünger als Heyward ausgesehen. In so einem Moment war Tyrell gerührt über seine Sorge für die Leute, genauso wie es ihn beeindruckt hatte, daß er sich von den herannahenden Sandbänken nicht ins Bockshorn jagen ließ.

Heyward kam vom Geschützdeck, um seine Pflicht wieder zu versehen.

Tyrell sagte: »Entlassen Sie die Wache nach unten. Dann sollen die Unteroffiziere nach achtern kommen.«

Heyward fragte zögernd: »Wird das für mich schlecht ausgehen?«

Tyrell klopfte ihm auf die Schulter. »Bei Gott, nein!« Er lachte über sein Erstaunen. »Sie haben dem Kapitän einen Gefallen getan! Wenn Sie ihn eher gerufen hätten, wäre er gezwungen gewesen, den Kurs zu ändern. Ihr Fehler hat es ihm gestattet, eine andere Richtung einzuschlagen.« Er ging pfeifend weg, seine bloßen Füße verursachten auf den gischtdurchnäßten Planken ein klatschendes Geräusch.

Heyward ging über das krängende Deck zu Buckle ans Steuer. »Ich glaube, ich verstehe das nicht.«

Buckle sah ihn zweifelnd an. »Dann versuchen Sie es nicht, das ist mein Rat.« Er schlurfte zum Niedergang und fügte hinzu: »Und das nächstemal, wenn Sie mit meinem Schiff den lieben Gott spielen möchten, wäre ich Ihnen sehr verbunden, wenn Sie es zuerst bekannt machen würden!«

Heyward blickte auf den Kompaß und ging zur Luvseite hinüber. Leutnant der Wache zu sein hieß mehr als nur einen Auftrag zu haben. Er betrachtete die gespannten Großsegel und grinste. Das wäre beinahe ins Auge gegangen, und einmal war er vom plötzlichen Wechsel der Ereignisse so überwältigt worden, daß er dachte, das Schiff würde durchgehen und ihn und alle an Bord mit unwiderstehlicher Gewalt entführen. In den letzten Augenblicken hatte er etwas gelernt. Sollte dies alles wieder passieren, so wüßte er, was er zu tun hatte. Dessen war er ganz sicher.

Stockdale wartete in der Kajüte mit Bolithos Hemd und fragte ihn, nachdem er ihm ein Handtuch gereicht hatte: »Sind Sie wirklich auf Wache eingeschlafen, Sir?«

Bolitho rieb seine Arme und seine Brust ab und fühlte, wie das Salz auf seinen Lippen wie eine zweite Haut trocknete.

»Beinahe.« Blieb denn vor Stockdale gar nichts verborgen? »Aber wir müssen die Dinge manchmal etwas ausschmücken.«.

Er stieg aus seinen tropfnassen Hosen und warf sie quer durch die Kajüte. Als er seinen nackten Körper weiter abrieb, lauschte er Heywards gemessenen Schritten an Deck.

Dann sagte er ruhig: »Ich habe einmal von einem Leutnant gehört, der einen Mann auspeitschen ließ, weil er vom Ausguck etwas Falsches berichtet hatte. Danach war der Seemann so eingeschüchtert, daß er bei echter Gefahr seinen Mund hielt aus Furcht, wieder geschlagen zu werden. Als Folge davon lief das Schiff auf Grund und der Leutnant ertrank.«

Stockdale beobachtete ihn aufmerksam. »Geschieht ihm recht.« Der große Bootssteuerer schüttelte ein Paar frische Hosen aus und reichte sie hinüber. Ungefähr eine Minute lang sagte er nichts, aber seine Stirne war gerunzelt.

Dann fragte er: »Und was geschah mit dem Seemann, Sir?«

Bolitho blickte ihn an. »Ich fürchte, er wurde wegen Vernachlässigung seiner Pflicht ausgepeitscht.«

Stockdales zernarbtes Gesicht strahlte in einem breiten Grinsen. »Ich habe wieder einmal recht, Sir — nicht wahr? Es gibt für keinen von uns Gerechtigkeit auf dieser Welt!«

Bolitho setzte sich und zog seine Hosen vollends an. Wie schon so oft, hatte Stockdale das letzte Wort gehabt.

42

Verhängnisvolles Schicksal

Leutnant Tyrell hielt sich krampfhaft an der Achterdeckreling fest und starrte angestrengt über das Steuerbordschanzkleid. »Verdammter Nebel!« Er lehnte sich über die Reling und versuchte verzweifelt, weiter als bis zum Vorschiff zu sehen. »Und unser gottverfluchtes Glück!«

Bolitho sagte nichts, sondern ging zur entgegengesetzten Seite des Decks hinüber. Schon vor Beginn der Dämmerung, als die Wassertiefe ständig gelotet wurde und aller Augen und Ohren gespannt die ausgesungenen Werte hörten, auf die Geräusche der entfernten Brandung horchten und gelegentliche Gischtspritzer in der Dunkelheit bemerkten, war er sich des immer dichter werdenden Nebels bewußt geworden. Das war in diesen Gewässern zu dieser Jahreszeit nicht ungewöhnlich, doch hatte er erwartet, daß es schnell vorübergehen würde, daß es beim ersten Schein der Morgensonne aufklaren würde.

Als er jetzt querab schaute, wußte er, daß der Nebel dichter denn je war. Er bewegte sich ständig mit dem Wind, hing zwischen den Wanten und schien sich in die Takelage zu klammern wie blasse Schlingpflanzen. Über den Großmastrahen konnte er gar nichts sehen, und abgesehen von einem freien Fleck Wassers unterhalb des Achterdecks war auch die See im wallenden Nebel verborgen. Da er mit der Bewegung des Schiffes Schritt hielt, nahm der Nebel den Eindruck der Bewegung weg, und man hatte das Gefühl, als ob die *Sparrow* wie ein Geisterschiff in einer Wolke schwebte.

Eine Stimme unterhalb des Achterdecks rief: »Marke fünf!«

Die Stimme des Seemanns wurde zum Schweigen gebracht, als diese Meldung von den Lotgasten am Anker von Mund zu Mund weitergegeben wurde. Nachdem sie über der Sandbank waren, hatte Bolitho »Klarschiff zum Gefecht« befohlen, und da der

Nebel sowohl Sicht als auch Geräusche verschluckte, mußten sie jede Vorsichtsmaßnahme ergreifen.

Er blickte wieder zum Großmarssegel hinauf. Es zog das Schiff ganz gut und stetig über die Untiefen, die flappende Leinwand glänzte in dem grauen Licht vor Feuchtigkeit und zeigte an, daß irgendwo über dem Nebel die Sonne schien und vielleicht sogar Land in Sicht war.

»Tiefe vier!«

Bolitho wanderte nach achtern zum Steuer, wo Buckle mit seinen Männern stand, der Nebel glitt durch seine gespreizten Beine und ließ ihn wie ein Gespenst erscheinen.

Er salutierte, als Bolitho näher kam und berichtete: »Das Schiff hält sich gut, Sir. Kurs Süd zu Ost wie vorher.«

Vom Geschützdeck hörte man das kratzende Geräusch von Holz auf Holz, und als Bolitho sich umdrehte, sah er einen der langen Riemen über dem Wasser schweben und dann wieder in die Reihe der anderen zurückkommen. Er hatte vor einer Stunde angeordnet, die Riemen auszulegen, denn wenn der Wind abfiel oder sie auf eine unerwartete Untiefe kamen, wären sie das einzige Mittel, wieder freizukommen.

»Wahrschau an Deck!« Die Stimme des Ausgucks schien vom Nebel selbst zu kommen. »Schiff an steuerbord!«

Bolitho starrte nach oben, und es wurde ihm zum erstenmal bewußt, daß der Nebel leicht gelblich war wie der Nordseenebel. Endlich Sonne. Weit über dem Deck, isoliert durch eine Nebelschicht, hatte der Ausguck ein anderes Schiff entdeckt.

Er sah, daß Tyrell und die anderen ihn beobachteten, sie alle waren vom Ruf des Ausgucks in ihren verschiedenen Tätigkeiten aufgeschreckt worden.

Bolitho sagte: »Ich werde aufentern, Mr. Tyrell.« Er machte seinen Säbel los und übergab ihn Stockdale. »Passen Sie gut auf und versichern Sie sich, daß der Anker jeden Moment geworfen kann, wenn es nötig ist.«

Er eilte zum Schanzkleid und war hin- und hergerissen zwischen dem unerwarteten Anblick eines fremden Schiffes und der aufsteigenden Übelkeit beim Gedanken, in den Ausguck hinaufzusteigen.

Dann schwang er sich hinaus in die Großwanten und ergriff die bebenden Taue mit solcher Kraft, daß man den Eindruck gewinnen konnte, das Schiff sei in einem Orkan. Durch die Wanten hindurch sah er Graves unten auf dem Geschützdeck mit eingezogenen Schultern stehen, nicht rechts und nicht links blickend. Bethune war in seiner Nähe, eine Hand ruhte auf einem Zwölfpfünder, die andere beschattete seine Augen, als er in den Nebel hinaufspähte. Überall auf dem Schiff standen die Leute wie Statisten herum, ihre bloßen Rücken waren feucht vom Wasser, das unablässig von den Segeln und der Takelage heruntertropfte, so daß es aussah, als schwitzten sie, als kämen sie gerade aus einer Schlacht.

Hie und da sah man ein kariertes Hemd, oder die dunkelblau und weißen der Feuerwerkersmaaten, die sich von den übrigen abhoben, als hätte der Künstler gerade noch Zeit gefunden, ihnen die richtige Haltung zu geben, ehe er zu einem anderen Teil des Bildes überging.

»Bei Marke fünf!« Der Laut kam vom Vorschiff wie eine Klage.

In Gedanken stellte Bolitho sich die Karte vor. Die Flut war jetzt auf ihrem Höhepunkt. Bald würden auch die sogenannten sicheren Kanäle zwischen den Untiefen und Sandbänken näher zueinanderrücken, wie große Kiefer, die sich um die Beute schließen.

Er biß auf die Zähne und begann zu klettern. Als er innehielt, um Atem zu schöpfen, schien das Schiff im Nebel seine Umrisse verloren zu haben. Nur die Geschütze und länglichen Niedergänge waren einigermaßen klar zu sehen, und achtern an der Heckreling schienen Buckle und die anderen durch die aufeinanderfolgenden Nebelschwaden in zwei Hälften geschnitten zu sein.

Hinauf und hinauf. Am Großmast schlüpfte er lieber durch das »Landrattenloch«, als sich der zusätzlichen Qual auszusetzen, mit Händen und Füßen an den Püttingswanten zu hängen. Ein Seemann starrte ihn an, als er vorüberglitt und starrte immer noch, als Bolitho immer schneller nach oben kletterte, bis auch er im Nebel verschwunden war.

Einige Augenblicke später spähte Bolitho mit etwas wie Bewunderung zur Großbramstenge hinauf. Denn dort oben war der klare und wolkenlose Himmel strahlend blau, und als er zu den letzten Wanten hinaufschaute, sah er die Stagen und Spieren wie Kupfer in der Sonne glänzen.

Der Ausguck, der seine Beine sorglos von der Saling herabbaumeln ließ, rückte etwas zur Seite, um seinem Kapitän neben sich Platz zu machen.

Bolitho griff mit einer Hand nach einer Stage und versuchte, seinen Atem unter Kontrolle zu bekommen.

»Nun, Taylor, Sie haben ein schönes Plätzchen hier oben.«

Der Ausguck begann zu grinsen. »Aye, Sir.« Er hatte den weichen Dialekt der nördlichen Landstriche, und diese vertraute Stimme half mehr, als Bolitho es sich hätte träumen lassen, um seine Übelkeit zu beruhigen.

Er hob einen braungebrannten Arm. »Dort drüben ist das Schiff, Sir!«

Bolitho drehte sich um und versuchte, nicht auf den vibrierenden Mast zu sehen, der unter ihm im Nebel verschwand. Einen Moment lang konnte er gar nichts sehen.

Dann, als der träge Wind den Nebel in Bewegung brachte, sah er die ragenden Großmasten und den flappenden Stander einer Fregatte, ungefähr drei Meilen steuerbord voraus.

Er vergaß seine prekäre Lage, die Übelkeit des schwindelnden Aufstiegs, alles außer dem anderen Schiff.

Der Ausguck sagte: »Dort sind auch Brecher, Sir. Ich schätze, die Fregatte ist auf der anderen Seite der Sandbank.«

Bolitho blickte ihn ernst an. »Sie kennen das Schiff, nicht wahr?«

Der Mann nickte. »Aye, Sir. Es ist die *Bacchante*. Kapitän Colquhouns Kommandoflagge ist auf dem Vorschiff.« Er beobachtete Bolithos undurchdringliches Gesicht. »Ich habe vor zwei Jahren auf ihr gedient.«

Bolitho nickte. Er hatte auch gewußt, daß es die *Bacchante* war. Vielleicht hatte er gehofft, daß er sich geirrt hatte, daß der Nebel und das Licht mit ihm sein Spiel trieben.

Aber er konnte nicht an Taylors Worten zweifeln. Sie waren typisch für einen Seemann wie ihn. Wenn sie einmal mit oder auf einem Schiff gedient hatten, schienen sie es unter jeder Bedingung zu kennen. Taylor hatte nur die oberen Rahen der Fregatte gesehen, aber er hatte sie sofort erkannt.

Bolitho berührte seinen Arm. »Beobachten Sie sie gut, Taylor.« Er schwang sein Bein über die Kante. »Sie haben Ihre Sache gut gemacht.«

Er kletterte und schlitterte abwärts, in Gedanken bei dem erneuten Zusammentreffen. Einmal glaubte er über seiner Schulter die Sonne auf dem Wasser aufblitzen zu sehen, etwas abseits vom Rumpf. Der Nebel ließ also doch nach. Aber es war jetzt zu spät, wenn die Sache schiefging.

Tyrell wartete bei der Achterdeckreling auf ihn, seine Augen blickten fragend, als Bolitho von den Wanten heruntersprang und auf ihn zueilte. »Es ist die *Bacchante!*«

Bolitho starrte an ihm vorbei auf die nach oben gerichteten Gesichter auf dem Geschützdeck, auf die Gischtspritzer, als die Lotgasten die Leine wieder auswarfen.

»Fünf weniger ein Viertel!«

Er wandte sich zu Tyrell um. »Colquhoun muß während der Nacht ziemlich weit weg vom Land gelegen haben. Als der Wind auffrischte, hat er ihn erwischt, genau wie uns. Er muß meilenweit den Kanal entlanggetrieben sein.« Er drehte sich um, seine Stimme klang plötzlich bitter. »Der verdammte Narr wäre besser näher beim Land geblieben! Jetzt ist er da draußen über der Sandbank völlig nutzlos! Er würde fast einen halben Tag brauchen, um in Angriffsposition gehen zu können!«

Tyrell fuhr sich mit der Hand über das Kinn. »Was sollen wir tun? Die Flut wird gleich zurückgehen und wir müssen aufpassen, wenn wir den Franzosen erwischen wollen. Meine Meinung ist, wir sollten abwarten und es später noch einmal versuchen.«

Buckle nickte langsam. »Ich bin auch der Meinung. Wenn der Plan von Kapitän Colquhoun auf halbem Wege geplatzt ist, dann kann man von uns nichts Besseres erwarten.«

Bolitho hörte nicht auf sie. »Mr. Tyrell, lassen Sie die Riemen einholen und die Geschütze laden und ausrennen. Geschütz für Geschütz bitte, mit so wenig Lärm wie möglich.« Er betrachtete Buckle's zweifelndes Gesicht und fügte hinzu: »Ich kenne das Risiko. Lassen Sie also die Großsegel aufgeien und sagen Sie dem Bootsmann, er soll einen Warpanker bereithalten, falls wir ihn brauchen.« Er verschränkte die Hände hinter seinem Rücken. »Sie können mich für verrückt halten, Mr. Buckle.« Er hörte, wie die Riemen nach innen gezogen wurden und in ihre Bettungen plumpsten, das Rumpeln der Blöcke, als die erste Kanone zu den geöffneten Geschützpforten gezogen wurde.

»Vielleicht bin ich es auch. Aber irgendwo da draußen ist eine britische Korvette wie wir. Andere sind daran schuld, daß sie ziemlich allein ist, und wenn ich nicht verrückt bin, dann wird die *Fawn* jedes bißchen Hilfe brauchen können, das sie bekommen kann!«

Das große Hauptsegel stieg flatternd und protestierend zu seiner Rahe empor, und die Männer arbeiteten geschäftig, um es unter Kontrolle zu bringen und die Decks vom Bug bis zum Heck freizulegen.

Ein Maat rief heiser: »Geladen und ausgerannt, Sir!« Tyrell ging nach hinten, sein Sprachrohr unter den Arm geklemmt. Bolitho sah ihn an und lächelte kurz. »Sie waren diesmal schneller!«

Dann lehnten sie sich zusammen an die Reling, die Rücken den Rudergängern und dem aufmerksamen Buckle zugedreht, und blickten nach vorn. Der Nebel war noch immer um das Schiff, aber bereits dünner, und Bolitho bemerkte, daß er endlich langsamer als das Schiff war, sich stetig durch die Wanten über steuerbord verzog. Das Sonnenlicht drang auch etwas vor. Nicht viel, aber er sah, wie die Schiffsglocke etwas reflektierte und wie es auf einer schwarzen Zwölfpfünderkugel spielte, die ein Geschützführer von einer Hand in die andere gleiten ließ, um ihre Perfektion zu testen oder aus einem anderen Grund.

Bolitho fragte leise: »Wie weit noch, nach Ihrer Meinung?« Tyrell hob sein verletztes Bein und zuckte. »Der Wind bläst regelmäßig von Nordost. Unser Kurs ist Süd zu Ost.« Er dachte laut. »Die Messungen haben bestätigt, daß die Karte stimmt.« Er entschloß sich. »Meiner Meinung sind wir noch ungefähr sechs Meilen von der Stelle entfernt, an der die *Fawn* über die Untiefen kreuzte.« Er wandte sich um und fügte fest hinzu: »Sie werden sich bald entschließen müssen, Sir. Wir werden auf Grund laufen, wenn Sie noch viel länger auf diesem Kurs bleiben.«

Das Singen schien gerade in diesem Moment herüberzudringen, um sich über ihn lustig zu machen. »Marke drei!«

Leutnant Heyward, der ganz ruhig an der Achterdecksleiter stand, murmelte »Großer Gott!«

Bolitho sagte: »Wenn der Franzmann immer noch da ist, dann muß er auch Platz genug haben, um wieder klarzukommen.«

Tyrell blickte ihn traurig an. »Aye, Aber wenn wir so weit gekommen sind, werden wir nicht in der Position sein, über Stag zu gehen. Der Froschfresser kann seine Nase in uns rennen.«

Bolitho stellte sich die leeren Masten und Rahen von Colquhouns Fregatte vor und verkrampfte die Hände ineinander, um seine Nerven zu beruhigen und seinen aufsteigenden Ärger zu dämpfen. Dieser Narr Colquhoun. Er war so versessen darauf, die Lorbeeren für sich zu ernten, daß er eine Änderung des Windes nicht berechnet hatte. Und so bedacht darauf, die *Sparrow* nicht am Sieg teilhaben zu lassen, daß er nun dem Feind die Türe geöffnet hatte, er konnte frei hinausfahren, wenn er dies wollte. Die *Fawn* würde ihn nicht zum Kampf bringen, auch wenn sie ihn erreichen konnte.

»Drei weniger ein Viertel!«

Er griff in die Wanten und versuchte, sich nicht vorzustellen, wie der Meeresboden langsam und stetig gegen den Kiel des Schiffes anstieg.

Es hatte keinen Zweck. Er schwang sich von den Wanten weg, seine plötzliche Bewegung versetzte Fähnrich Fowler in Alarm. Er setzte das Schiff und das Leben jedes einzelnen an Bord aufs Spiel. Die *Fawn* hatte wahrscheinlich geankert oder der Feind war schon längst weg. Seine Bedenken und seine persönlichen Zweifel würden kaum ins Gewicht fallen, verglichen mit den Ertrunkenen, wenn er eine Havarie riskierte.

Er sagte barsch: »Wir werden wenden. Ich möchte die Sandbank überqueren und wieder zur *Bacchante* stoßen, sobald der Nebel aufklart.« Er sah Buckle erleichtert nicken. Tyrell betrachtete ihn verständnisvoll »Lassen Sie Mr. Graves meine besten Grüße ausrichten, und die Geschütze sollen...« Er fuhr herum, als mehrere Stimmen durcheinanderschrien.

Tyrell sagte kurz und bündig: »Geschützfeuer, um Gottes willen!«

Bolitho erstarrte und lauschte angestrengt dem abwechselnden Knallen und dem Krachen der schwereren Geschütze.

»Belegen Sie den letzten Befehl, Mr. Tyrell!« Er beobachtete, wie ein Sonnenstrahl gleich geschmolzenem Gold den Großmast entlangtanzte. »Wir werden nicht mehr lange blind sein!«

Es vergingen einige Minuten, jeder Mann an Bord horchte gespannt auf das entfernte Geschützfeuer.

Bolitho merkte, daß er über den Klüverbaum hinaussehen konnte, und als er querab blickte, sah er eine gekrümmte Brandungslinie, die die nächsten Riffs bezeichnete. Vielleicht war es der Nebel, oder Echos aus dem versteckten Land, jedenfalls klang das Geschützfeuer irgendwie falsch. Er konnte das schärfere Knallen der Neunpfünder der *Fawn* von den schwereren Geschützen des Feindes unterscheiden, aber da waren noch andere Explosionen aus verschiedenen Richtungen, die sich überhaupt nicht mit den Umständen vereinbaren ließen.

Die Sonne brach durch und schien auf die feuchten Planken; Dunstschleier stiegen von den tropfnassen Wanten und dem Tauwerk auf, dann wurde, wie ein phantastischer Vorhang, der Nebel weggezogen, und man konnte im Morgenlicht jedes Detail des Dramas klar erkennen.

Dort war die Spitze der Insel, dunkelblau gegen den freien Himmel, und dazwischen das Muster der Brandung und Strömung, die die Nähe der Sandbank anzeigten.

Und genau vor der *Sparrow* lag Maulby's *Fawn*, ihr Rumpf schien mit dem Klüverbaum verwachsen zu sein.

Etwas weiter weg, die Masten und Segel immer noch im verwehenden Nebel verborgen, lag der Franzose, halb vom Schatten verschluckt, die Umrisse mit der Landschaft dahinter verwischt. Er feuerte schnell, die Batterie blitzte wie orangene Zungen, über dem Geschützrauch konnte man deutlich seine Flagge sehen.

Erst jetzt bemerkte Bolitho, daß die Fawn immer noch verankert war. Voll Übelkeit betrachtete er die Wasserfontänen, die um sie herum aufspritzten, den gelegentlich größeren Springbrunnen, wenn eine Kugel hart längsseits aufschlug.

Buckle rief heiser: »Sie haben das Ankertau durchschnitten, Sir!«

Maulby's Männer legten bereits die Riemen aus, um zu versuchen, von der mörderischen Sandbank freizukommen, während die Geschütze auf ihrem eigenen Deck weiterhin lebhaft auf den Feind feuerten. Bolitho umkrampfte die Reling, als der Fockmast der *Fawn* zuerst schwankte und dann in einem Wirrwarr von Gischt und Rauch fiel. Er hörte Tyrells Stimme wie im Traum, sah ihn aufgeregt etwas zeigen, mehr Blitze zuckten, nicht von dem Franzmann, sondern von Land her. Es mußte ziemlich weit unten sein, wahrscheinlich ein kleiner Strand.

Was für eine perfekte Falle. Maulby mußte vom Nebel überrascht worden sein, und nachdem er sich versichert hatte, daß der Feind offensichtlich noch in der Nähe der Küste war, war er vor Anker gegangen, um Colquhouns Unterstützung zu erwarten. So war es nicht erstaunlich, daß der Leutnant der *Bacchante* soviel Aktivität gemeldet hatte. Der französische Kapitän hatte sich die Zeit genommen, Artillerie an Land zu bringen, so daß jeder Angreifer in einem verheerenden Kreuzfeuer gefangen würde, aus dem es kaum ein Entkommen gab.

Die Riemen waren nun ausgelegt, hoben und senkten sich wie Flügel, drehten die kleine Korvette herum, bis sie vom Feind weg und zur offenen See hinzeigte.

Ein wildes Durcheinander von Schreien und Stöhnen ertönte vom Geschützdeck, als die Backbordreihe der Riemen in wildem Gewirr wegflog, die zersplitterten Ruderblätter wurden in die Luft gewirbelt, ehe sie um das Schiff herum in Fetzen aufschlugen.

Bolitho nahm ein Fernglas und richtete es auf das Achterdeck der *Fawn*. Er sah durcheinanderrennende Figuren, Gesichter, die durch die Vergrößerung auf die Entfernung und ohne daß man sie sprechen hören konnte, noch schrecklicher waren. Offene Münder, gestikulierende Arme, als die Männer liefen, um die beschädigte Takelage wegzuhacken, damit wenigstens einige Geschütze weiterfeuern konnten. Eine Spiere fiel in seine kleine begrenzte Welt, so daß er sich unwillkürlich krümmte, als ob er erwarte, den Schock des Aufschlags auf Deck zu spüren. Ein Seemann rannte und stolperte einen Niedergang entlang, sein Gesicht war offensichtlich weggeschossen, es war furchtbar anzusehen, wie er stürzte und gnädig längsseits hinunterfiel.

Jemand hatte einen klaren Kopf behalten und hoch über dem Deck sah Bolitho das Großmarssegel frei im Wind flattern; langsam begann die *Fawn* Fahrt zu machen.

Er merkte, daß Buckle ihn am Arm rüttelte und drehte sich um, als dieser verzweifelt schrie: »Wir müssen über Stag gehen, Sir!« Er zeigte gestikulierend auf das glitzernde Wasser und die Masse brauner Pflanzen, die so nahe unter der Oberfläche vorbeiglitt. »Wir werden jeden Moment auflaufen!«

Bolitho blickte an ihm vorüber. »Machen Sie klar zum Ankern, Mr. Tyrell.« Er erkannte seine eigene Stimme nicht wieder. Sie klang wie Metall auf Metall. »Lassen Sie die Kutter fieren und bereiten Sie sofort das Ausbringen eines Warpankers vor.« Er wartete, bis Tyrell zur Reling gerannt war und die ersten verwirrten Männer sich in den Rahen verteilt hatten. »Wir werden hierbleiben.«

Die *Sparrow* bewegte sich etwas langsamer über die Untiefen, und als sie über eine Sandbank fuhr, konnte man ihren eigenen Schatten sehen, ehe das Wasser wieder tiefer wurde.

Bolitho gab weiter seine Befehle, jeden einzeln und unabhängig vom nächsten, während er sich zwang, sich zu konzentrieren, seine Ohren vor dem Geschützfeuer zu verschließen und seine Augen von der langsamen und methodischen Zerstörung der *Fawn* abzuwenden. Die Kutter wurden zu Wasser gelassen und Glass, der Bootsmann, nahm einen von ihnen, um einen kleinen Warpanker auszulegen. Mit aufgegeiten Segeln und vom Bug zum Heck lose verankert kam die *Sparrow* endlich zur Ruhe.

Erst dann hob Bolitho wieder sein Fernrohr und stellte es auf die *Fawn* ein. Schwer angeschlagen, mit allen Masten außer dem Besanmast abgeschossen, versuchte sie doch immer noch, aus der Bombardierung zu entkommen. Es war hoffnungslos, obwohl ihr Ruder noch intakt zu sein schien und die Kreuzbrahmstenge und das Besansegel noch eine gewisse Steuerung erlaubten, war sie doch durch die Masse der herabhängenden Spieren und Leinwand stark behindert, und es waren wohl nur noch wenige Männer übrig, die das alles wegschneiden konnten. Sie wurde wieder und wieder getroffen, die zersplitterten Teile von Holz und Planken flogen in die Untiefen und schwammen um sie herum wie das Blut eines verwundeten Tieres.

Es gab einen heftigen Ruck, und als der Besanmast herunterkam, wußte Bolitho, daß sie auf Grund gelaufen war. Sie schlug quer, ihr Deck krängte zu ihm herüber, als die ersten Felsspitzen sich in ihre Bilgen und den Kiel bohrten. Es war vorüber.

Er setzte das Fernglas ab und gab es jemand, der in der Nähe stand. Er sah keine einzelnen Gesichter, hörte keine bekannten Stimmen. Seine eigene war so fremd und unnatürlich wie vorher.

»Der Franzose liegt backbord voraus.« Wie ruhig es nun war. Der Feind hatte das Feuer eingestellt, denn da die *Fawn* gestrandet auf einer Sandbank lag, war sie wenigstens außerhalb der Reichweite dieser Geschütze. Rauch zog über das Festland und Bolitho stellte sich vor, wie die Artilleristen die Mündungen ihrer Geschütze reinigten und vielleicht die unerwartete Ankunft einer fremden Korvette beobachteten. Noch ein Opfer. »Die Reichweite ist weniger als eine Meile. Er ist für eine perfekte Täuschung gut verankert.« Er wußte, daß Tyrell und die anderen ihn beobachteten, entgeistert. »Er kann uns nicht treffen. Wir aber andererseits...« Er drehte sich, obwohl er es eigentlich nicht gewollt hatte, um und sah wie der Bugsprit und die Back der *Fawn* abbrachen und in die quirlende Strömung unter ihrem Heck fielen. Er fuhr tonlos fort. »Wir können ihn treffen, und hart treffen!«

Graves stand auf der Leiter, sein Gesicht war blaß von dem Schock oder dem Anblick des so grausam zerstörten Schiffes.

Bolitho blickte ihn an. »Lassen Sie das Backbord-Buggeschütz fertigmachen. Sie werden das Feuer eröffnen, wenn Sie fertig sind. Sagen Sie dem Bootsmann, was Sie brauchen. Wenn Sie die Ankerkabel benutzen, können Sie nach Wunsch hin- und herfahren.« Er wandte sich an Tyrell. »Lassen Sie sofort das Ankerspill besetzen.«

Graves war bereits das halbe Deck entlanggegangen, als ihn Bolithos Stimme auf der Stelle erstarren ließ.

»Holen Sie Mr. Yule! Sagen Sie ihm, ich möchte, daß er einen kleinen Ofen aufbaut, in dem er Munition für Ihr Geschütz erhitzen kann. Passen Sie gut auf, daß dies alles richtig durchgeführt wird.« Seine Augen suchten das feindliche Schiff. »Wir haben jetzt Zeit. Viel Zeit.«

Dann ging er zu den Wanten hinüber und wartete, bis Tyrell nachkam.

Tyrell sagte ruhig: »Sie hatten doch recht, Sir. Sie waren hinter uns her. Allmächtiger Gott, wir haben gerade unserer Zerstörung zugesehen!«

Bolitho blickte ihn ernst an. »Aye, Jethro.« Er erinnerte sich mit plötzlicher Klarheit an Maulbys Worte bei ihrem letzten Zusammentreffen — über Colquhoun: dieser Mann wird noch mein Tod sein...

Er drehte sich wieder um und seine Stimme war hart: »Was zum Teufel soll diese Verzögerung?« Als Antwort kam ein lauter Krach von vorne und er sah den Schuß ungefähr eine halbe Kabellänge vom Feind entfernt aufschlagen.

Ein Befehl wurde unten auf Deck gegeben und die Männer am Ankerspill strengten sich an, zogen das Kabel nur wenig an, so daß die Back der *Sparrow* etwas herumkam und Gravels' Mannschaft eine bessere Seitenrichtung hatte.

Bäng! Die Kugel fuhr aus dem Rohr, diesmal traf sie in einer Linie mit dem Heck des Feindes auf.

Bolitho mußte seine Hände ineinander verkrampfen, um ruhig zu bleiben. Die nächste Kugel würde treffen. Und von da an... Er gab Stockdale ein Zeichen.

»Los mit der Gig. Sag dem zweiten Kutter, er soll auf die *Fawn* zuhalten. Vielleicht können wir noch einige ihrer Leute aufnehmen.« Unten stand Dalkeith an der Leiter, er hatte schon seine lange, fleckige Schürze angezogen.

Wieder krachte das Buggeschütz, und er sah den braunen Rauch am Bugspriet aufsteigen, der den wirklichen Einschlag des Schusses verbarg. Eine Stimme schrie: »Getroffen! Glatt auf dem Achterdeck!«

Er sagte halb zu sich selbst: »Diesmal sind es keine Spielzeugkanonen, Herr Franzose. Diesmal nicht!«

»Gig ist klar!« Sogar Stockdales Stimme klang schockiert.

»Sie haben das Kommando bis ich wiederkomme, Mr. Tyrell.« Er wartete, bis er sein verwundetes Bein zur Schanzkleidpforte hinuntergeschleppt hatte. »Wir werden mit der nächsten Flut hier auslaufen.«

Er hörte dumpfes Hämmern, als Yule und seine Maaten einen einfachen Ofen konstruierten. Es war gefährlich, sogar unter normalen Umständen tollkühn, Munition an Bord eines Schiffes zu erhitzen. Ein zundertrockener Rumpf, Tauwerk und Leinwand, Teer und Schießpulver. Aber das war keine normale Situation. Die *Sparrow* lag in geschützten Gewässern vor Anker. Ein schwimmender Geschützstand. Es war nur eine Frage der Genauigkeit und Geduld.

Tyrell fragte verlegen: »Wie lange werden wir weiterschießen?«

Bolitho schwang sich hinaus über die sanft schlagenden Wellen und die grünen Reflexe.

»Bis der Feind zerstört ist.« Er schaute weg. »Vollstandig.« »Aye, Sir.«

Tyrell beobachtete, wie Bolitho in die Gig kletterte, das rasche Aufblitzen der Riemen, als Stockdale sie auf das Wrack zulenkte, das einmal die *Fawn* gewesen war.

Dann ging er langsam zur Achterdeckreling und beschattete seine Augen, um das feindliche Schiff zu beobachten. Es gab wenig Anzeichen für Schäden, aber die Kugeln trafen jetzt regelmäßig. Bald würden die erhitzten Geschosse aus Yule's Ofen kommen, und dann... er schauderte trotz des stärker werdenden Sonnenlichts. Wie fast alle Seeleute fürchtete er das Feuer mehr als alles andere.

Heyward kam zu ihm herüber und fragte ruhig: »Hat er es ernst gemeint?«

Tyrell dachte an Bolithos Augen, die Verzweiflung und Verwundung, als die *Fawn* in die Falle gegangen war. »Aye, er hat.«

Er zuckte zusammen, als ein Geschütz vom Deck des Franzosen feuerte, sah, wie die Kugel ungefähr eine Kabellänge zu kurz eine kleine Wasserfontäne aufwarf. Die Seeleute, die nicht am Ankerspill oder in den Booten zu tun hatten, beobachteten von den Niedergängen und Wanten aus alles, einige schlossen sogar Wetten über den nächsten Schuß ab. Als jede Kugel des Franzosen vorbeiging, schrien sie hurra; sie waren ja nur Zuschauer und es wurde ihnen noch nicht bewußt, daß nur auf Grund einer Verwicklung des Schicksals die Leute der *Fawn* und nicht sie im Geschützfeuer dieser Kanonen gestorben waren.

Tyrell fuhr fort. »Das hat uns Colquhoun eingebrockt. Wenn unser Kapitän seine ihm zustehende Position im Angriff bekommen hätte, hätten wir es geschafft.« Er preßte seine Handflächen aneinander. »Arroganter Bastard! Und jetzt sitzt er dort draußen wie eine Art Gott und wir dürfen den ganzen Mist für ihn machen!«

Wieder krachte ein Schuß über das Wasser, und er sah, wie eine Spiere vom Großmast des Feindes fiel. Sehr langsam, oder so sah es wenigstens aus, wie ein Blatt von einem Baum im Herbst.

Fähnrich Fowler rief: »Unsere Boote sind am Wrack, Sir!«

Er war blaß, doch als er sein Fernrohr hochnahm, war seine Hand ruhig.

Tyrell blickte ihn kalt an. Und da ist noch so einer. Wie Ransome, wie Colquhoun. Ohne Menschlichkeit oder Gefühle.

Er hatte die *Fawn* als Wrack bezeichnet. Und doch war sie noch vor wenigen Momenten ein lebendes, lebendiges Wesen. Ein Lebensinhalt für ihre Leute und die, die nach ihnen gekommen wären.

Er sagte heftig: »Entern Sie auf, Mr. Fowler und nehmen Sie Ihr Fernglas mit! Lassen Sie die *Bacchante* dort hinter dem Riff nicht aus den Augen und achten Sie auf ihre Signale.«

Wenn sie welche gab.

Als das Geschütz wieder krachte, zwang er sich, zur gegenüberliegenden Seite zu gehen und überließ Heyward seinen Gedanken.

Bolitho hörte den regelmäßigen Geschützdonner sogar als die Gig an der Schlagseite der *Fawn* festmachte. Er kletterte mit einigen seiner Männer an Bord.

»Zuerst den Kutter!« Er machte Bethune ein Zeichen, der wie in Trance auf die blutigen Überreste starrte. »Volle Ladung, und dann die Gig.«

Stockdale folgte ihm auf das schräge Deck, über zerschmetterte Boote und verwirrte Takelage. Als sie an einem Niedergang vorbeikamen, sah Bolitho einen grünen Schimmer, schaute nach unten und sah, wie die See gurgelnd durch ein großes Loch im Rumpf schoß und das Sonnenlicht mit zwei treibenden Körpern spielte. Große Blutlachen, umgedrehte Geschütze, um die die benommenen Überlebenden herumliefen und dann zu den wartenden Booten gingen. Es schienen sehr wenige zu sein.

Bolitho wischte sich das Gesicht mit dem Hemdsärmel ab. Uns, hatte Tyrell gesagt. Es war nicht schwer zu verstehen.

Er verhielt an der Achterdecksleiter und schaute auf Maulby hinunter. Er war von einer herunterfallenden Spiere zerschmettert worden, seine erstarrten Züge zeigten den Schmerz dieses Augenblickes. Auf seiner Wange war ein kleiner blutiger Riß und Fliegen krochen über sein Gesicht.

Er sagte heiser: »Nimm ihn, Stockdale.« Stockdale beugte sich hinunter und murmelte dann: »Geht leider nicht, er ist festgeklemmt.«

Bolitho kniete sich über die Spiere und bedeckte sein Gesicht mit einem Fetzen Leinwand. Ruhe sanft, alter Freund. Bleibe bei deinem Schiff. Du bist heute in der besten Gesellschaft.

Ein kurzer Ruck ging durch das Schiff. Es begann auseinanderzubrechen. Die See, die Flut und die nicht festgezurrten Geschütze würden sehr bald beenden, was der Feind begonnen hatte.

Bethunes Stimme kam von längsseits, wo der Kutter in einer gefährlichen Dünung auf und niederschwang. »Alle Mann von Bord!«

»Danke.«

Bolitho hörte, wie die See das untere Deck durchdrang, die Offiziersmesse überschwemmte und in die Heckkajüte vordrang. Eine wie seine. Es war keine Zeit mehr, irgend etwas zu retten. Er beugte sich hinunter und machte Maulbys Degen los.

Er gab ihn Stockdale. »Jemand in England freut sich vielleicht darüber.«

Er blickte lange in die Runde. Jede Einzelheit einprägen. Nichts vergessen.

Dann folgte er Stockdale in die Gig. Er schaute nicht zurück und hörte auch nicht die letzten Geräusche von der untergehenden *Fawn*. Er dachte an Maulby. Seine schleppende Stimme. Er fühlte seinen letzten Händedruck.

Tyrell erwartete ihn und dann sagte er: »Mr. Yule hat den Ofen fertig.«

Bolitho blickte ihn mit leeren Augen an. »Lassen sie ihn löschen, bitte.«

»Sir?«

»Ich werde Männer nicht dafür verbrennen, daß sie ihre Pflicht getan haben. Der Franzose ist jetzt zu schwer beschädigt, um wegzukommen. Wir senden ein Boot unter der weißen Flagge hinüber. Ich denke nicht, daß er das sinnlose Töten wird fortsetzen wollen.«

Tyrell atmete langsam aus. »Aye, Sir. Ich werde es veranlassen.«

Als er den Befehl zum Löschen des Feuers gegeben hatte und auf Deck kam, war Bolitho verschwunden.

Er sah Stockdale den Degen tragen und ihn mit einem Lumpen abwischen, sein zerschundenes Gesicht war gänzlich von dieser Aufgabe in Anspruch genommen. Er dachte an die beiden Schiffsmodelle von Tilby. Genau wie Maulbys Degen. War das alles, was von einem Mann übrigblieb?

Er grübelte immer noch darüber nach, als die Großmasten der *Bacchante* in Sicht kamen und sie ihr erstes Signal hißte.

*

Es wurde Abend, ehe die *Sparrow* nahe an die Fregatte herankommen konnte. Sobald sie von der Sandbank freigekommen war, hatte der Wind sich gedreht und beträchtlich an Stärke zugenommen, sodaß man alle Anstrengungen machen mußte, um nicht in die Nähe der trügerischen Brecher zu kommen. Wieder in offenen Gewässern, ungefähr fünf Meilen querab von dem immer dunkler werdenden Punkt der Grand Bahamas reffte die *Sparrow* Segel und drehte ungefähr eine Kabellänge von Colquhouns Schiff entfernt bei.

Als er in der wie verrückt schaukelnden Gig saß, beobachtete Bolitho die Fregatte und deren letztes Signal »Bitten Kapitän an Bord«, das soeben eingeholt wurde. Es war schon einige Zeit aufgezogen gewesen, aber wie alle vorherigen hatte er es ignoriert. Er hatte es noch nicht einmal bestätigt.

Gischt spritzte von den Riemen und flog über sein Gesicht. Es half ihn zu beruhigen, aber nur etwas. Seine Sorge paßte zu seinem Ärger, seine Selbstkontrolle hielt sich die Waage mit dem Bedürfnis, Colquhoun gegenüberzustehen.

Die Gig drehte sich und hob sich schwindelnd hoch auf einen Wellenkamm, der Bugmann wurde fast herausgeschleudert, als er am Fallreep einhakte und festmachte.

Bolitho kletterte die Jakobsleiter der Fregatte hinauf, diesmal ignorierte er die See, die um den Rumpf wogte, als wolle sie ihn wegschwemmen.

Colquhoun war nicht an der Schanzkleidpforte, und der Erste Leutnant sagte schnell: »Bei Gott, Sir, es tut mir leid, was geschehen ist.«

Bolitho blickte ihn ernst an: »Danke. Es war nicht Ihr Fehler.«

Dann ging er ohne einen weiteren Blick auf die schwankende Ehrenformation auf die Kajüte zu.

Colquhoun stand an den Fenstern, fast als hätte er sich seit ihrer letzten Begegnung nicht bewegt. Im gelben Licht der Laterne sah sein Gesicht steif und ernst aus, und als er sprach, war sein Ton der eines viel älteren Mannes.

»Sie haben lange genug gebraucht! Wie können Sie es wagen, meine Signale zu ignorieren!«

Bolitho blickte ihn kalt an. Der Ärger in Colquhouns Stimme war genauso falsch wie seine Haltung, und er sah die stark zitternde Hand auf den weißen Kniehosen.

»Ihre früheren Signale galten der *Fawn*, Sir.« Er sah ihn auffahren und sprach leise weiter: »Sie hatte sich aber schon in Einzelteile aufgelöst, und ihre Mannschaft war zum größten Teil in der Schlacht getötet worden oder ertrunken, als sie auf Grund lief.«

Colquhoun nickte krampfhaft, er zog seine Brauen zusammen, als ob er seine Gefühle in die Gewalt bekommen wollte.

»Das gehört nicht zur Sache. Sie haben meine Befehle mißachtet
Sie haben die Sandbank ohne Erlaubnis überquert. Sie...«
Bolitho sagte: »Ich habe das getan, was ich für meine Pflicht
hielt.«
Es hatte keinen Zweck. Er fühlte, wie er die Kontrolle über sich
verlor. »Wenn nicht Ihre Gier nach Ruhm gewesen wäre, hätten
wir den Franzosen zusammen besiegen können, und ohne Ver-
luste. Wir hatten alle Vorteile auf unserer Seite, denn der Feind
kannte unsere volle Stärke nicht. Er wollte nur eine Prise: die
Sparrow.« Er drehte sich um und versuchte, seinen Kummer zu
verbergen. »Nur Ihretwegen wurden Maulby und seine Männer
getötet, sein Schiff verloren. Wegen Ihrer sinnlosen Sturheit, Ihrer
Unfähigkeit, über Prisengeld hinaus zu denken, darum konnten
Sie ihnen nicht helfen, als es nötig gewesen wäre.« Er wandte
sich wieder um, seine Stimme war hart. »Nun, der Franzose ist
besiegt! Was wollen Sie jetzt? Vielleicht eine verdammte Ritter-
würde?«
Überraschenderweise war Colquhouns Stimme sehr leise, und als
er sprach, richtete er seine Augen auf einen Punkt hinter Bolitho.
»Ich werde Ihren Ausbruch ignorieren.« Er hielt ein. »Ach, ich
erinnere mich, Sie haben den jungen Fowler an Bord. Es wäre
nicht gut gewesen, ihn in der Schlacht zu verlieren.« Jetzt sprach
er schneller, die unzusammenhängenden Sätze kamen gleichzeitig
mit seinen Gedanken über seine Lippen. »Der Admiral wird einen
vollständigen Bericht anfordern. Ich werde...«
Bolitho betrachtete ihn voller Übelkeit. »Ich habe die schriftlichen
Befehle, die Sie mir ursprünglich gegeben haben. Die Befehle, in
denen Sie mich so weit vom Angriffspunkt entfernt hatten, wie
Sie sich das irgend ausdenken konnten.« Trotz Colquhouns
pathetischer Erklärungen und Entschuldigungen zwang er sich,
fortzufahren. »Wenn ich diesen Befehlen gefolgt hätte, auch wenn
der Wind konstant geblieben wäre, wäre die *Fawn* trotzdem verloren gewesen. Was hätten Sie denn dann getan? Vielleicht die
kleine *Lucifer* geschickt?«
Colquhoun ging zu seinem Tisch und zog eine Karaffe aus dem
Bord. Etwas von dem Brandy lief über seine Hand, aber er schien
es nicht zu bemerken.
»Ich habe vor einiger Zeit Befehle erhalten. Sobald wir den Franzmann aufgespürt hätten, oder die Suche aufgegeben hätten, sollten

wir nach New York zurückfahren. Die Flotte soll reduziert werden.« Er trank ein halbes Glas Brandy und mußte Anstrengungen machen, um wieder zu Atem zu kommen. »*Bacchante* wird wieder Pflichten in der Flotte übernehmen.«

Bolitho starrte ihn an. Jedes Mitgefühl oder Mitleid, das er vielleicht hinter seinem Ärger gehegt hatte, waren durch dieses Geständnis wie weggefegt.

Ganz leise fragte er: »Und Sie haben die ganze Zeit gewußt, daß Sie nach New York gehen werden?« Er lauschte seiner eigenen Stimme und wunderte sich, daß sie so ruhig klingen konnte. »Sie dachten, das ist Ihre letzte Chance, sich zu beweisen. Eine große Siegesschau, Sie laufen in den Hafen ein, eine fette Prise mit Ihren Farben im Schlepp! Wegen Ihrer Gier konnten Sie aber die Gefahr nicht sehen, und die *Fawn* hat teuer für Ihre Unwissenheit bezahlt!«

Colquhoun hob die Augen und blickte ihn verzweifelt an. »In New York können die Dinge anders aussehen. Erinnern Sie sich, ich war derjenige, der Ihnen geholfen hat...« er brach ab und trank noch einen Brandy. »Ich brauchte diese Prise! Ich habe sie verdient!«

Bolitho ging zur Türe, seine Augen ruhten auf den zuckenden Schultern Colquhouns.

Er sagte: »Ich habe den übriggebliebenen Leutnant von der *Fawn* auf den Franzosen geschickt, um das Kommando zu übernehmen. Die Übergabe wurde von Leutnant Heyward durchgeführt.« Er zwang sich, die Einzelheiten aufzuzählen, wenn auch nur, um Colquhoun daran zu hindern ihn anzuflehen. »Das Schiff des Franzosen wird keinen großen Wert mehr haben. Ich schlage vor, Sie schicken Ihre Seesoldaten zur Aufsicht und warten auf die Militärs, die wahrscheinlich die Gefangenen woanders hinbringen werden.«

Colquhoun lehnte sich gegen die Heckfenster, seine Stimme wurde von den Geräuschen der See und des Ruders gedämpft.

»Das bedeutet Kriegsgericht.« Seine Schultern strafften sich. »Sie werden auch gebeten werden.«

Bolitho nickte. »Es könnte so sein.«

Colquhoun zeigte mit der Hand auf die Kajüte ohne sich umzudrehen. »Alles vorbei. Nur weil die Umstände einen Moment ungünstig waren. Schicksal.«

»Maulby hat das wahrscheinlich auch gedacht.« Bolitho hatte bereits die Hand auf die Türe gelegt. Colquhoun stieß sich von den Fenstern ab und kam durch die Kajüte geschlurft. »Sie haben also schließlich doch gewonnen, he?« Seine Stimme brach. »Sie und Ihre verdammte *Sparrow*!«

Bolitho erkannte die Qual des Mannes und antwortete: »Als ich vor drei Jahren das Kommando über die *Sparrow* erhielt, dachte ich, daß das alles sei was ein Mann sich wünschen konnte. Damals hätte ich mich wohl Ihren Entscheidungen gebeugt, unabhängig davon, was sie nach sich gezogen hätten. Jetzt weiß ich es besser, vielleicht sogar dank Ihnen. Ein Kommando ist eine Sache. Aber die Verantwortung, die Pflicht gegenüber denjenigen, die von einem abhängig sind, das ist die größere Bürde. Wir müssen uns die Schuld an Maulbys Tod teilen.« Er sah, wie Colquhoun ihn ungläubig anstarrte, dann fuhr er fort. »Ihre Dummheit machte Sie blind für alles außer späterer Beförderung. Mein Verbrechen war der Stolz. Der Stolz, der den Feind dazu brachte, mir einen Hinterhalt zu legen, und zwar einen, den die Männer der *Fawn* teuer bezahlen mußten.« Er öffnete die Tür. »Ich hoffe, ich werde es nie vergessen. Und Sie auch nicht.«

Er ging rasch zum Achterdeck und hörte, wie die Türe hinter ihm zugeschlagen wurde, das Klicken der Muskete, als der Posten eine entspanntere Haltung annahm.

Am Schanzkleid erwartete ihn der Erste Leutnant.

Über der bewegten See, deren Wellenkämme und Täler schon von Schatten durchzogen waren, sah er die *Sparrow* unruhig gegen die ersten blassen Sterne schwojen. Eine Laterne leuchtete an ihrer Heckreling und er glaubte das Aufspritzen der Riemen an der Stelle zu sehen, an der Stockdale die Gig bereithielt. Er hätte auch vergeblich warten können. Colquhoun hätte sich die letzte Geste leisten können, ihn für seinen Ausbruch in Arrest zu legen. Daß er das nicht getan hatte, war ein Beweis seiner wirklichen Schuld. Mehr noch, daß Colquhoun sehr wohl wußte, was er getan hatte.

Er sagte: »Wir sollen zur Admiralität in New York stoßen.«

Der Leutnant beobachtete, wie die Gig an die Seite schlug und antwortete traurig, »Es wird mir nicht leid tun, diesen Ort zu verlassen.«

Bolitho seufzte. »Aye. Eine Niederlage ist eine böse Sache. Aber ein Sieg kann oft das größere Leid verursachen.«

Der Leutnant beobachtete ihn, wie er in die Gig kletterte und abfuhr.

So jung, und schon so viel Verantwortung. Nicht für mich. Schon als der Gedanke ihm durch den Kopf fuhr, wußte er, daß es eine Lüge war, und als er über das dunkler werdende Deck blickte, fragte er sich, ob ihn Colquhouns Fehler wohl näher an seine eigene Beförderung gebracht hatte.

Ein bitteres Ende

Fast unmittelbar nachdem sie in Sandy Hook vor Anker gegangen waren, wurde der *Sparrow* und ihrer Mannschaft eine kurze und wohlverdiente Pause zum Überholen des Schiffes gegönnt. Unter dem wachsamen Auge eines älteren Dockoffiziers wurde das Schiff gekrängt, die dichte Bewachsung abgeschnitten und von seinem Rumpf entfernt. Bolitho konnte Lock an Land senden, wo dieser durch sorgfältig verteilte Trinkgelder neuen Proviant und Ersatz für einige der faulig gewordenen Fässer mit Schweinefleisch und Rindfleisch ergattern konnte.

Inmitten all dieser angeregten Tätigkeit, die von der Morgendämmerung bis zum Dunkelwerden dauerte, bekam er gelegentlich Besuch von einem wißbegierigen Leutnant aus dem Stab des Kommandochefs. Er schrieb Stellungnahmen von Bolitho und Tyrell auf und verglich sie sowohl mit den Eintragungen im Logbuch zur Zeit der Zerstörung der *Fawn*, als auch mit denen, die zu dem Angriff führten.

Buckle mußte jeden Teil der benutzten Karten ausbreiten und erklären und wurde bei dem fachmännischen Verhör des Leutnants ganz verwirrt. Als aber ein Tag auf den anderen folgte und die *Sparrow* wieder ihr ursprüngliches schmuckes Aussehen zurückgewann, wurden die bitteren Erinnerungen an den Verlust der *Fawn*, sogar sein Wutausbruch in der Kajüte Colquhouns verschwommen, wenn nicht sogar aus Bolithos Gedanken verbannt.

Er war ständig mit den Angelegenheiten des Schiffes beschäftigt, da er nie wußte, wann seine nächsten Befehle kommen würden, und er verbrachte jede freie Minute damit, die Aspekte des Krieges auf dem Festland zu studieren. Als er die Ladung erhielt, vor dem Kriegsgericht erscheinen, war es so etwas wie ein Schock für ihn.

Drei Wochen waren vergangen seitdem er Colquhoun in der Kajüte der *Bacchante* gegenübergestanden hatte, und fast jeder Tag war ausgefüllt gewesen mit den verschiedensten Tätigkeiten.

Nur bestimmte Einzelheiten standen ihm noch mit aller Klarheit vor Augen. Das Bild der Gewalt und Verzweiflung auf dem zerschossenen Deck der *Fawn*. Maulbys Gesicht, die Fliegen, die über sein schmerzverzerrtes Gesicht krochen. Der sichtliche Stolz des jungen Heyward, als er die Aufgabe bekam, die Kapitulation des Feindes entgegenzunehmen, und der einzige überlebene Offizier, der das Kommando über den Feind übernommen hatte bis die Marinesoldaten kamen. Maulbys Leutnant sah aus wie ein Mann, der selbst aus dem Schatten des Todes kam. Seine Bewegungen waren schwerfällig, sein Gesicht gezeichnet von den Anblicken und Geräuschen, die er hatte ertragen müssen.

Am Morgen des Kriegsgerichts stand Bolitho mit Tyrell und Buckle auf dem Achterdeck der *Sparrow*. Er war sich der vielen Augen bewußt, die ihn beobachteten, die seiner Männer und die der anderen auf den in der Nähe ankernden Schiffen. Tyrell trat unruhig von einem Bein auf's andere. »Ich mag wohl als Zeuge vernommen werden, aber ich fühle mich weiß Gott schuldig!« murmelte er.

Bolitho beobachtete die Gig, die auf die Schanzkleidpforte zukam, und bemerkte, daß Stockdale und seine Rudergänger ihre besten Kleider angelegt hatten. Wahrscheinlich waren auch sie sich des Augenblicks bewußt.

Und sie hatten Grund dazu, dachte er grimmig. Es war wohl Colquhouns Tag, aber es war auch bekannt, daß ein Ertrinkender oft noch andere mit sich in die Tiefe zieht.

Sein Blick schweifte hinüber zu dem Schiff, das ungefähr drei Kabellängen entfernt vor Anker lag. Die *Parthian*, auf der er die Befehle erhalten hatte, die Soldaten und die Goldbarren General Blundells am Delaware zu retten. Wie lange das schon her zu sein schien. Eine Ewigkeit.

Die Gig wurde festgemacht und Tyrell sagte abrupt: »Der Bastard verdient gehängt zu werden!«

Bolitho folgte den anderen zur Schanzkleidpforte und versuchte wieder einmal, sich über seine wahren Gefühle klar zu werden. Es war schwierig, Colquhoun weiter zu hassen. Seine Schwäche war vielleicht allzu menschlich gewesen, was es, nachdem der erste Ärger verflogen war, nicht leichter machte, ihn zu verdammen.

Als es acht Uhr war und die Glocken von jedem ankernden Kriegsschiff erklangen, krachte ein einzelner Kanonenschuß aus der Seite der *Parthian*, gleichzeitig wurde die Kriegsgerichtsflagge an der Gaffel gehißt. Es war Zeit.

Graves stand mit ausdruckslosem Gesicht bei den anderen aufrecht an der Seite, als sie in die Gig kletterten. Er war nicht betroffen, und Bolitho fragte sich, ob er vielleicht beim Anblick der Kriegsgerichtsflagge an Chancen für seine Beförderung dachte.

Sobald er die vergoldete Schanzkleidpforte der *Parthian* durchschritten hatte und an der Wache und der versammelten Menschenmenge vorbeigegangen war, fühlte Bolitho ein Gefühl des Ekels in sich aufsteigen. Das Achterdeck des Zweideckers war mit Besuchern vollgestopft. Höhere Offiziere, einige von ihnen Militärs, verschiedene wohlhabend aussehende Zivilisten und ein einzelner Maler erweckten den Eindruck eines sorglosen Ausfluges und nicht den eines Urteils. Der Maler, ein bärtiger, geschäftiger kleiner Mann, hielt Skizzen aus jedem Blickwinkel fest, betonte jedes Detail der Uniform und des Ranges, gönnte sich nach jeder Zeichnung kaum eine Pause.

Er sah Bolitho und drängte sich durch die schwatzende Menge, sein Skizzenblock war schon gezückt.

»Gut, daß ich Sie treffe. Kapitän Bolitho?« Der Bleistift verhielt und senkte sich dann. »Ich freue mich, Sie endlich zu sehen. Ich habe so viel von Ihren Heldentaten gehört.« Er hielt ein und lächelte scheu. »Ich wünschte, ich hätte an Bord Ihres Schiffes sein können, um Zeichnungen zu machen. Die Leute zu Hause müssen darüber unterrichtet werden.....«

Tyrell murmelte: »Um Gottes willen!«

Ein Polizeioffizier öffnete die Türe und die Besucher begannen, sich nach achtern in die große Kajüte zu begeben. Die Zeugen wurden auf dem Achterdeck zurückgelassen, sie fühlten sich isoliert und nicht ganz wohl in ihren besten Uniformen.

Bolitho sagte ruhig: »Vielleicht ein andermal.«

Er sah, wie ein Hauptmann der Seesoldaten mit gezogenem Säbel achtern auf die Kabine zuging. Schon der Anblick verursachte ihm Übelkeit. Die grimmige Ordnung. Wie die Menschenmengen in Tyburn, oder die hohnlachenden Dummköpfe, die stundenlang herumstanden, um zu sehen, wie so ein armer Teufel am Dorfgalgen baumelte und sein Leben ließ.

Das Lächeln des Malers erstarb. »Ich verstehe. Ich dachte....«

Bolitho erwiderte: »Ich weiß, was Sie dachten. Daß es mir Vergnügen machen würde, zu sehen, wie ein Mann seinen Rang verliert!« Er verbarg seine Verachtung nicht.

»Das auch.« Die Augen des Malers blitzten in der Sonne, als er rasch eine Änderung an seiner Skizze vornahm. »Ich dachte mir auch, daß Sie durch das Schicksal dieses Mannes bessere Chancen für Ihre eigene Zukunft sehen.« Er zuckte die Schultern als Bolitho ihm ärgerlich den Rücken kehrte. »Daß ich mich in beiden Punkten getäuscht habe, macht mich zum Narren, und Sie zu einem Menschen, der noch besser ist als sein Ruf.«

Bolitho sah ihn traurig an. »Was die *anderen* sagen, wird heute nicht viel zählen.«

Ein Leutnant rief: »Hier entlang, meine Herren.«

Sie folgten ihm in der Reihenfolge ihres Dienstalters in die Offiziersmesse des Schiffs.

Der Maler ging rasch vorüber und verschwand in Richtung der großen Kajüte. Tyrell brummte: »Was um alles in der Welt geschieht mit uns? Werden sie auch noch vom Tag des Jüngsten Gerichts Bilder machen?«

Den ganzen Vormittag ging es in dieser ermüdenden Art weiter. Zeugen wurden aufgerufen und Aussagen gemacht. Ob es sich um Fakten oder Gerüchte handelte, um technische Vorstellungen oder Einbildung, es schien in jedem Fall eine Ewigkeit zu dauern, bis man es zu Papier gebracht hatte. Gelegentliche Pausen gestatteten es den Besuchern, sich zu erfrischen und sich die Beine auf dem Achterdeck zu vertreten.

Während des ganzen Vormittags sprach Bolitho kaum ein Wort. Um ihn herum warteten die anderen Zeugen, bis sie an die Reihe kamen.

Odell vom Schoner *Lucifer*, dessen schnelle hastige Bewegungen die Spannung noch verstärkten. Der Erste Leutnant und der Steuermann der *Bacchante*. Der überlebende Leutnant von der *Fawn* und ein geblendeter Seemann, der neben Maulby gestanden hatte, als dieser nieder geschlagen wurde. Vertrauen oder auch Unsicherheit spiegelte sich in ihren Gesichtern.

Dem Range nach, oder wie es ihre Wichtigkeit erforderte, wurden die Zeugen aufgerufen, bis nur noch Bolitho und Tyrell übrigblieben. Durch die offenen Pforten sah Bolitho Boote, die zwischen den Schiffen und der Küste hin- und herfuhren, und den leichten Rauch von einer nahegelegenen Landzunge, auf der ein Mann Treibholz verbrannte.

Es war drückend heiß. Der erste Maitag. Er stellte sich vor, wie es zu Hause sein würde. In Falmouth. Manchmal dachte er, daß er es nie wiedersehen würde. Kleine blasse Tupfer von Schafen auf Hügeln und Wiesen. Lärmende Kühe in dem Sträßchen vor dem Haus, immer neugierig im Vorübergehen, als ob sie die Gatter noch nie gesehen hätten. Und auf dem Marktplatz, wo die Kutschen nach Plymouth beladen wurden oder die Pferde für die andere Route nach Westen gewechselt, dort würde sicherlich Lachen und gute Laune herrschen. Denn wenn auch der Krieg eine Gefahr war, so war der Winter auch eine, und diese lag nun bis zum nächstenmal hinter ihnen. Jetzt konnten die Fischer sicher in See stehen, und die Felder und Märkte würden bald den Lohn für geleistete Arbeit bringen.

»Mr. Tyrell.« Der Leutnant öffnete die Türe. »Hier entlang.« Tyrell hob seinen Hut auf und schaute ihn an. »Jetzt dauert es nicht mehr lange, Sir.« Dann war Bolitho allein.

Es dauerte nicht sehr lange. Tyrell's Aussage war rein sachlich und bezog sich vor allem auf die Zeit, in der sie die Sandbank überquerten und auf den Beginn des Angriffs. In allen Dingen hatte er seinen Befehlen gehorcht. Er war sicher.

Als er aufgerufen wurde, folgte Bolitho dem Leutnant in die Kajüte, ohne daß er sich daran erinnern konnte, daß sein Name angekündigt worden war.

Sie war mit sitzenden Personen vollgestopft, und ganz achtern, hinter einem Tisch, der fast von einer Seite auf die andere reichte, sah er die Offiziere des Gerichts. Im Zentrum saß der Vorsitzende, Sir Evelyn Christie, flankiert von zehn Kapitänen verschiedenen Dienstalters und Ranges, von denen keiner Bolitho bekannt war.

Konteradmiral Christie blickte ihn kühl an. »Ihre beeidigten Aussagen wurden verlesen und zur Beweisführung vorgelegt.«

Seine Stimme klang schroff und formell, sodaß Bolitho plötzlich an ihr letztes Zusammentreffen erinnert wurde. Der Unterschied kam fast einer Feindseligkeit gleich.

»Wir haben von dem Plan gehört, den Franzosen zu erobern, von den Ereignissen, die zu seiner Entdeckung führten, einschließlich der Aussage des Kapitäns der *Lucifer* und Ihrer eigenen Offiziere.« Er hielt inne und raschelte mit einigen Papieren. »In Ihrer Aussage gaben Sie an, daß Sie sich Ihrem Vorgesetzten gegenüber gegen eine Aktion, wie sie dann auch durchgeführt wurde, ausgesprochen haben.«

Bolitho räusperte sich. »Ich dachte, daß unter den gegebenen Umständen.....«

Der am nächsten sitzende Kapitän sagte scharf: »Ja oder nein!«

»Ja.« Bolitho blickte immer noch den Admiral an. »Ich äußerte meine Meinung.«

Der Admiral lehnte sich langsam zurück. »Der Angeklagte hat bereits ausgesagt, daß dies *nicht* der Fall ist. Er gab Ihnen Ihre Befehle erst, als Sie darauf bestanden, daß Ihr Schiff nördlich der Sandbank eine bessere Position hätte.«

In der plötzlichen Stille konnte Bolitho sein Herz hämmern hören. Er wollte sich umdrehen und Colquhoun ansehen, aber er wußte, daß jeder derartige Versuch sofort als Schuld ausgelegt würde.

Der dienstälteste Kapitän am Tisch sagte schroff: »Gab es Zeugen für das Ereignis als diese Entscheidungen getroffen wurden?«

Bolitho sah ihn an. »Nur Commander Maulby, Sir.«

»Ich verstehe.«

Bolitho fühlte, wie die Kajüte um ihn immer enger wurde, sah, wie die Gesichter der Nächststehenden ihn beobachteten wie eine Horde gieriger Vögel.

Der Admiral seufzte. »Ich werde fortfahren. Nachdem Sie die anderen Schiffe verlassen hatten, segelten Sie zu der angegebenen Position.«

»Ja, Sir.«

Der Admiral sah mit schiefem Lächeln auf. »Warum haben Sie dann die Sandbank überquert?« Er schlug mit einer Hand auf die Papiere, was Verwirrung unter den Zuschauern hervorrief.

»*War es Schuldgefühl?* War es Ihnen endlich klargeworden, daß Kapitän Colquhoun recht gehabt hatte, und daß er Ihre Unterstützung im Süden benötigte?«

»Nein, Sir.« Er fühlte seine Hände zittern und den Schweiß wie eisigen Reif zwischen den Schultern. »Ich habe meine Gründe angegeben. Wir hatten keinen Wind mehr, ich hatte zu diesem Zeitpunkt keine andere Möglichkeit als zu wenden.« Bilder schossen ihm durch den Kopf wie Teile eines Alptraums. Heyward, der sich schämte, die Kontrolle über das Schiff verloren zu haben. Buckle, zweifelnd und besorgt um ihre Sicherheit, nachdem er ihm seine Absichten erklärt hatte. Er hörte sich ruhig hinzufügen: »Commander Maulby war mein Freund.«

Das älteste Mitglied des Gerichts betrachtete ihn kalt. »Wirklich?«

Bolitho drehte sich um und sah Colquhoun zum erstenmal an. Er war entsetzt über die Veränderung an ihm. Er war sehr blaß, und im reflektierenden Licht sah seine Haut wie Wachs aus. Er stand mit seitlich herabhängenden Armen da, sein Körper schwankte nur geringfügig mit den Bewegungen des Decks. Aber seine Augen waren am allerschlimmsten. Sie starrten auf Bolithos Gesicht, auf seinen Mund, wenn er sprach, und sie loderten in einem solch unaussprechlichen Haß, daß Bolitho ausrief: »Sagen Sie ihnen die Wahrheit!«

Colquhoun wollte einen Schritt nach vorn machen, aber seine Wache, der Hauptmann der Seesoldaten, berührte seinen Arm und er entspannte sich wieder.

Der Admiral sagte scharf: »Das genügt, Kapitän Bolitho! Ich dulde keine Wortwechsel in diesem Gericht!«

Der dienstälteste Kapitän hüstelte diskret und fuhr fort. »Den Rest kennen wir. Die Falle der Franzosen, Ihre Zerstörung des Gegners, dies alles ist über jede Kritik erhaben. Sie haben trotz großer Gefahren die Rettung einiger Leute der Mannschaft der *Fawn* ermöglicht, und einige der Verwundeten sind am Leben und erholen sich, dies verdanken sie Ihren Bemühungen.«

Bolitho sah ihn mit blicklosen Augen an. Er hatte seine Pflicht getan, aber die Lügen, die Colquhoun bereits über seinen Charakter erzählt hatte, und die Aussage, die nur Maulby hätte bestätigen können, machten sie zum Hohn. Er sah auf Colquhouns Degen auf dem Tisch. Vielleicht würde sein eigener auch bald dort liegen. Er stellte fest, daß ihm das wenig ausmachte, auf seinem Namen konnte er jedoch keinen Schandfleck ertragen.

Der Admiral blickte sich in der übervollen Kajüte um. »Ich bin der Ansicht, daß wir genug gehört haben ehe wir uns zurückziehen meine Herren?«

Bolitho schwankte. Eine lange Mittagspause. Noch mehr Verzögerungen. Es war eine Tortur.

Wie die meisten Anwesenden fuhr er herum, als im Hintergrund des Gerichtssaales ein Stuhl mit lautem Gepolter umfiel.

Eine heisere Stimme schrie: »Nein, verdammt, ich werde nicht ruhig sein! In Gottes Namen, ich habe meine Augen für den König gegeben! Darf ich denn nicht einmal die Wahrheit sagen?«

Der Admiral krächzte: »Ruhe da hinten! Oder muß ich die Wache rufen?«

Aber es nützte nichts. Die meisten Besucher waren aufgestanden, redeten und riefen durcheinander. Bolitho sah, daß einige sogar auf ihre Stühle gestiegen waren, um zu sehen, was vorging. Der Admiral saß sprachlos da, während die anderen Mitglieder des Gerichts darauf warteten, daß er seine Drohung wahrmache.

Die Stimmen erstarben und die Menschenmenge wich auseinander, um dem kleinen Maler zu ermöglichen, nach vorn an den Tisch zu kommen. Er führte den Seemann, der an Bord der *Fawn* geblendet worden war und der schon kurz ausgesagt hatte, was er von den Vorbereitungen zum Kappen des Ankertaus und zur Flucht vor der französischen Artillerie wußte. Jetzt kam er in seinen zerlumpten Hosen und einem geborgten blauen Uniformrock mit schiefgestelltem Kopf nach vorne zum Tisch.

Der Admiral sagte ernst: »Nun gut, Richards.« Er wartete, bis die Leute sich wieder gesetzt hatten. »Was ist es, was Sie sagen möchten?«

Der Seemann streckte seine Hand aus und klammerte sich an die Tischkante, seine verbundenen Augen blickten über den Kopf des Admirals hinweg.

»Ich war *dort*, Sir. Genau dort auf dem Achterdeck mit Kapitän Maulby!«

Niemand rührte sich oder sprach, mit Ausnahme des blinden Seemannes namens Richards.

Bolitho beobachtete, wie seine Hand sich vage durch die Luft bewegte, wie schwer er atmete, als er diese letzten schrecklichen Augenblicke nochmals durchlebte.

Er sagte heiser: »Die Franzosen hatten sich auf uns eingeschossen.

Wir hatten schon keine Masten mehr und mehr als die Hälfte unserer tapferen Kameraden war gefallen.«

Der älteste Kapitän machte Anstalten, ihn zu unterbrechen, aber die goldbetreßten Aufschläge des Admirals brachten ihn zum Schweigen.

»Die Riemen waren weggeschossen, aber die ganze Zeit schrie und fluchte Kapitän Maulby in seiner bekannten Art.« Unter der steifen Bandage verzog sich der Mund des Mannes zu einem Lächeln. »Und er konnte manchmal ziemlich fluchen, Sir.«

Das Lächeln erstarb. »Ich war Steuermannsmaat und allein am Ruder. Mein Steuermann war am Boden, auch der Maat, beide waren getötet. Der Erste Leutnant war unten, sein Arm war abgeschossen worden, in diesem Augenblick drehte sich der Kapitän zu mir um und schrie: »*Gott verdamme diesen Colquhoun, Richards! Er hat uns heute zugrunde gerichtet!*«

Sein Kopf fiel vornüber und seine Finger rutschten von der Tischkante ab, als er gebrochen wiederholte: »das hat er gesagt: *Er hat uns heute zugrunde gerichtet.*«

Der Admiral fragte ruhig: »Und was geschah dann?«

Richards wartete einige Momente, um sich wieder zu beruhigen. Noch immer wagte niemand, sich zu bewegen oder zu flüstern. Hinter den Heckfenstern schienen die Möwen zu laut zu sein, um wirklich zu sein.

Dann sagte er: »Mr. Fox, der Zweite Leutnant, war gerade nach vorne gegangen, ich glaube, um einige Leute für die Pumpen zu suchen. Verschiedene Kugeln von den Geschützen der Franzosen an Land kamen geflogen und töteten den Fähnrich Mr. Vasey. Er war nur vierzehn Jahre alt, aber ein guter Junge. Als er fiel, schrie der Kapitän mir zu: »*Wenn Richard Bolitho heute bei uns wäre, wie er es gewollt hat, dann würden wir es Ihnen zeigen, Artillerie oder nicht!*«

Der Admiral fragte scharf: »Sind Sie ganz sicher? Sagte er genau diese Worte?«

Richards nickte mit dem Kopf. »Aye, Sir. Ich werde sie nie vergessen. Denn gerade dann wurden wir wieder getroffen und die. Rah kam herunter und tötete Kapitän Maulby. Er konnte nicht einmal mehr schreien.« Er nickte wieder, sehr langsam. »Er war ein guter Kapitän, auch wenn er mehr fluchte als die meisten.«

»Ich verstehe.« Der Admiral blickte seinen dienstältesten Kapitän an. Dann fragte er: »Können Sie sich noch an mehr erinnern?«

»Wir liefen auf das Riff auf, Sir. Der Besanmast kam herunter, und eine verfluchte Drehbasse, verzeihen Sie, Sir, explodierte auf der Reling und nahm mir das Augenlicht. Ich kann mich an nichts mehr erinnern bis ich an Bord der *Sparrow* kam.«

»Danke.« Der Admiral winkte einer Marinewache. »Ich werde dafür sorgen, daß man nach Ihnen sieht.«

Richards tastete mit der Hand nach oben, um mit den Knöcheln zu grüßen, dann sagte er: »Danke, Sir. Ich hoffe, daß Sie mir vergeben werden, aber ich mußte einfach sagen, was ich wußte.«

Er wurde zwischen den gespannt beobachtenden Gesichtern durchgeführt, und als sich die Kajütentür schloß, erhob sich ein Gemurmel, das ärgerlich anwuchs.

Der Admiral sagte scharf: »Ich werde Sie nicht nochmals zur Ruhe auffordern!«

»Sie werden doch sicher diesem lügenden Hund nicht glauben?« Colquhouns Stimme war schrill. »Dieser... dieser...Halbidiot!«

Der Hauptmann machte einen Schritt nach vorn, um ihn zurückzuhalten, hielt aber ein, als der Admiral ruhig sagte: »Bitte fahren Sie fort, Kapitän Colquhoun.«

»Ich wußte genau Bescheid über Bolitho und Maulby! Sie hielten zusammen!« Colquhoun hatte sich etwas umgedreht, seine Arme waren ausgestreckt, als ob er das Gericht umarmen wollte. »Und ich war mir darüber im klaren, daß Bolitho den ganzen Ruhm für sich wollte. Deshalb sandte ich ihn nach Norden und gab Maulby die Chance, sich zu beweisen.« Er sprach sehr schnell, sein Gesicht glänzte vor Schweiß. »Ich durchschaute Bolithos Spielchen von Anfang an, deshalb versuchte er auch, mich zu verdammen. Ich wußte, daß er den Franzosen selbst nehmen wollte, ohne mir Zeit zu lassen, meine eigene Angriffsstellung einzunehmen. Ein Angriff über Land und mit Booten!« Er brach ab, sein Mund stand vor Staunen offen.

Der Admiral sagte kalt: »Er war also *nicht* mit Ihrem Angriffsplan einverstanden? Ihre Aussage war also eine Lüge?«

Colquhoun drehte sich um und starrte ihn an, sein Mund war noch immer offen, so als ob ihn soeben eine Pistolenkugel getroffen hätte und er gerade anfing, den ersten stechenden Schmerz zu fühlen.

»Ich...ich...« er wich vom Tisch zurück. »Ich wollte nur...« aber er konnte nicht weiterreden.

»Bringen Sie den Angeklagten nach draußen, Hauptmann Reece!« Bolitho beobachtete Colquhoun, als er an den versammelten Offizieren vorbeischlurfte, sein Schritt war noch unsicherer als es der des blinden Seemanns gewesen war. Es war unglaublich. Aber ohne Berücksichtigung dessen, was soeben geschehen war, konnte er weder Erleichterung noch Befriedigung empfinden. Scham, Mitleid, er wußte nicht, was er wirklich fühlte.

»Sie können zurücktreten, Kapitän Bolitho.« Der Admiral sah ihn ruhig an. »Es wird im Bericht niedergelegt werden, daß Sie und Ihre Leute sich nach den besten Traditionen der Marine verhalten haben.« Er wandte sich an die ganze Kajüte. »Das Gericht wird sich in zwei Stunden wieder versammeln. Das ist alles.«

Außerhalb der dumpfen Kajüte fühlte man sich wie in einer anderen Welt. Gesichter verschwammen um ihn, man drückte ihm die Hand, und viele Stimmen riefen ihm zu und beglückwünschten ihn.

Tyrell und Odell, mit Buckle als Nachhut, gelang es, ihn zu einem ruhigeren Teil des oberen Decks zu bringen, um auf ihre jeweiligen Boote zu warten. Bolitho sah den kleinen Maler und ging zu ihm hinüber.

»Ich danke Ihnen für das, was Sie getan haben.« Er streckte seine Hand aus. »Ich war vorhin hart zu Ihnen.« Er blickte sich um. »Wo ist dieser Richards? Es erforderte wirklichen Mut, so zu handeln wie er es getan hat.«

»Er ist schon zu einem Transport gegangen, Kapitän. Ich bat ihn zu warten, aber...« er zuckte traurig die Schultern.

Bolitho nickte. »Ich verstehe. Wir sind alle hier und beglückwünschen uns, während er nichts hat, worauf er sich freuen kann und keine Augen, um zu sehen, was ihn erwartet.« Der kleine Mann lächelte, während er Bolitho anblickte, als ob er etwas zu entdecken suchte.

»Mein Name ist Majendie. Ich möchte gerne noch einmal mit Ihnen sprechen.«

Bolitho schlug ihm auf die Schulter und zwang sich zu einem Lächeln. »Dann kommen Sie mit auf mein Schiff. Wenn ich schon zwei Stunden warten muß, dann tue ich es lieber dort, wo ich ein gewisses Gefühl von Freiheit habe.«

Das Gericht trat genau zur vorgesehenen Zeit zusammen, und Bolitho stellte fest, daß es ihm kaum gelang, seine Augen von Colquhouns Degen zu lassen. Er zeigte auf ihn, der Griff war auf der entgegengesetzten Seite des Tisches.

Die Stimme des dienstältesten Kapitäns ging auch in seinen verwirrten Gedanken und Erinnerungen unter. Er hörte Fragmente wie »das Leben der Männer unter Ihrem Kommando aufs Spiel gesetzt, die Schiffe zu Ihrem Zweck mißbraucht«.

Später dann: ...»falsches Zeugnis abgelegt, um den Namen eines Offiziers des Königs zu beflecken und dadurch dieses Gericht in Mißkredit zu bringen.« Es wurde noch viel mehr gesagt, aber Bolitho hörte andere Stimmen, die sich in diese kalte Aufzählung mischten. Maulby, Tyrell, sogar Bethune, sie alle waren dabei. Und vor allem der blinde Seemann, Richards. *Er war ein guter Kapitän.* Gab es einen besseren Nachruf für einen Mann?

Er schreckte aus seinen Gedanken auf, als der Admiral sagte: »Das Urteil lautet, daß Sie das Kommando über Ihr Schiff verlieren und unter strengem Arrest stehen, bis zu dem Zeitpunkt, zu dem Sie nach England gebracht werden können.«

Colquhoun starrte auf den Offizier mit dem ernsten Gesicht, dann auf seinen Degen.

Sein Schiff verloren. Bolitho schaute weg. Sie hätten ihn lieber hängen sollen. Das wäre gnädiger gewesen.

Eine Stimme durchbrach die Stille: »Gefangener und Wache: abtreten!«

Es war vorüber.

Als die Ordonnanzen die durcheinanderredenden Zuschauer zum Achterdeck hinauswiesen, kam Konteradmiral Christie um den Tisch herum und streckte seine Hand aus.

»Gut gemacht, Bolitho.« Er schüttelte Bolitho herzlich die Hand. »Ich habe große Hoffnungen für junge Offiziere Ihres Schlages.« Er sah Bolithos Unsicherheit und lächelte. »Es tat mir weh, Sie so zu behandeln wie ich es tat. Aber ich mußte diesen Schandfleck von Ihrem Namen tilgen. Recht oder Unrecht, er hätte Sie in jedem Fall für den Rest Ihrer Karriere gezeichnet.« Er seufzte. »Nur Colquhoun konnte dies tun, und der arme Richards mußte kommen, damit der Funke zündete.«

»Ja, Sir. Ich verstehe das jetzt.«

Der Admiral nahm seinen Hut und betrachtete ihn.

74

»Kommen Sie heute abend mit mir an Land. Der Gouverneur gibt einen Empfang. Eine schreckliche Angelegenheit, aber es schadet nichts, zu sehen, wie sie sich amüsieren.« Er schien Bolithos Stimmung zu erraten. »Nehmen Sie es als Befehl!« »Danke, Sir Evelyn.«

Bolitho sah ihm nach, als er in seine angrenzende Kajüte ging. Eine Einladung an Land. Der Admiral hätte ihn genauso zu Schimpf und Schande verurteilen können, wenn das Schicksal nicht eingegriffen hätte, um ihm zu helfen.

Er atmete tief aus. Wann würde man je aufhören, etwas über derartig komplizierte Angelegenheiten zu lernen?

Dann ging er hinüber, um unter den vielen Booten längsseits nach seiner Gig Ausschau zu halten.

*

Es zeigte sich, daß der Empfang am Abend noch atemberaubender und entnervender war, als Bolitho angenommen hatte. Als er seinen Hut einem Negerdiener mit Perücke überreicht hatte und auf Konteradmiral Christie wartete, der noch einige Worte mit einem anderen Flaggoffizier wechselte, blickte er sich in der großen säulengetragenen Halle um, schaute auf die durcheinanderwogende Menge farbiger Figuren, die jeden Zentimeter des Bodens auszufüllen schien und noch eine geräumige Galerie dazu. Die scharlachroten Röcke der Militärs waren weit in der Überzahl, unterbrochen von Samt und Brokat ihrer Damen, dann das vertraute Blau der Seeoffiziere, obwohl Bolitho mit einiger Bestürzung bemerkte, daß die meisten der letzteren Admirale der einen oder anderen Art waren. Es waren auch Offiziere der Seesoldaten da, die weißen Aufschläge und die silbernen Knöpfe unterschieden sie von den Soldaten, und so viele Zivilisten, daß es ein Wunder war, daß New York nicht still stand. An der Seite entlang waren Alkoven, in denen Neger und andere Diener an langen Tafeln beschäftigt waren, deren Speisen Bolitho glauben machten, er träume. Die Nation war im Krieg, aber diese Tische bogen sich unter der Last von Speisen und Delikatessen aller Art. Verschiedene Fleischsorten, enorme Portionen Pastete, verlockende Früchte und eine glitzernde Anordnung silberner Punschbecher, die in dem Moment gefüllt wurden, als er hinblickte.

Christie kam zu ihm und murmelte: »Schauen Sie sich das gut an,

Bolitho. Ein Mann muß wissen, wem er dient, genauso wie er seine Gründe kennen muß!«

Ein Diener in einer grünen Livree kam ihnen am oberen Ende der Marmortreppe entgegen und wandte sich nach einem vorsichtigen Blick an die versammelten Gäste, mit einer Stimme, die einem Vortoppsgast im Ausguck alle Ehre gemacht hätte.

»Sir Evelyn Christie, Ritter des Bathordens, Konteradmiral der roten Flagge.« Er machte sich nicht die Mühe, Bolitho anzukündigen, er nahm wahrscheinlich an, daß er eine Art Untergebener oder irgendein Verwandter sei.

Nicht daß es einen Unterschied machte. Es gab keine Unterbrechung in der Welle des Gelächters und der Unterhaltung, und kaum jemand drehte sich um, um die Neuangekommenen zu mustern.

Christie bewegte sich flink am Rande der Menge entlang, nickte hier jemand zu, hielt dort inne, um eine Hand zu drücken, dort verbeugte er sich vor einer Dame. Es war schwer, ihn noch in der Rolle dieses Morgens zu sehen. Vorsitzender des Gerichts. Niemand verantwortlich, wenn er sein Urteil sprach.

Bolitho folgte der schmalen Figur des Admirals, bis sie zu einem Tisch am anderen Ende der Halle kamen. Hinter ihm und den schwitzenden Dienern konnte er eine große Rasenfläche sehen, auf der ein Brunnen im reflektierenden Licht der Laternen glänzte.

»Nun?« Christie wartete, bis jeder von ihnen einen schweren Becher in der Hand hielt. »Was halten Sie davon?«

Bolitho drehte sich um, betrachtete die gedrängten Figuren beim Alkoven, hörte die Weisen eines unsichtbaren Orchesters, das gerade eine muntere Quadrille spielte. Er konnte sich nicht vorstellen, wie jemand überhaupt Platz zum Tanzen finden konnte.

»Es ist wie im Märchen, Sir.«

Christie betrachtete ihn amüsiert. »Paradies der Dummköpfe ist eine bessere Beschreibung!«

Bolitho kostete den Wein. Genau wie der Becher war auch er perfekt. Er entspannte sich etwas. Die Frage hatte ihn vorsichtig gemacht, aber die Antwort des Admirals hatte ihm gezeigt, daß er nicht die Absicht hatte, ihn auf die Probe zu stellen.

Christie fügte hinzu: »Eine Stadt unter Belagerung, und wir müssen akzeptieren, daß dies die eigentliche Lage hier ist, ist immer unwirklich. Sie ist vollgestopft mit Flüchtlingen und Betrügern, Händlern, die auf schnellen Gewinn aus sind und sich wenig darum kümmern, mit welcher Seite sie Handel treiben. Und wie immer in solchen Fällen gibt es zwei Armeen.«

Bolitho sah ihn an und vergaß für einen Augenblick den Lärm und die Geschäftigkeit um sich, die Verzweiflung und die Besorgnis von heute morgen. Wie er von Anfang an angenommen hatte, verbarg Christie's nüchterne Erscheinung einen messerscharfen Verstand. Einen Verstand, der jede Anklage und jedes Problem genau untersuchte und gegeneinander abwog, alles Überflüssige aufdeckte.

»*Zwei* Armeen, Sir?«

Der Admiral verlangte zwei neue Becher. »Trinken Sie aus. Sie werden nirgends sonst einen solchen Wein finden. Ja, wir haben die Militärs, die jeden Tag dem Feind ins Auge blicken, seine schwachen Stellen aufspüren oder versuchen seinen Angriffen standzuhalten. Soldaten, die immer auf den Beinen sind, keine sauberen Betten und kein gutes Essen kennen.« Er lächelte traurig. »So wie diejenigen, die Sie in der Delaware Bay gerettet haben. *Wirkliche* Soldaten.«

»Und die anderen?«

Christie schnitt eine Grimasse. »Hinter jeder großen Armee gibt es eine *Organisation.*« Er zeigte auf die Menge. »Die Militärregierung, das Sekretariat, und die Händler, die von den Kämpfen leben wie Blutsauger.«

Bolitho betrachtete die durcheinanderwogenden Menschen vor dem Alkoven mit wachsender Unsicherheit. Er hatte schon immer Menschen der beschriebenen Art mißtraut, aber es schien unmöglich, daß alles so widerlich, so unehrlich sein sollte wie der Admiral gesagt hatte. Und doch... er dachte an die fröhlichen, durcheinanderredenden Besucher beim Kriegsgericht. Zuschauer der Schande eines Mannes, die dies jedoch nur als ein Mittel betrachteten, der Langeweile ihrer eigenen Welt zu entfliehen.

Christie beobachtete ihn nachdenklich. »Gott allein weiß, wie dieser Krieg enden wird. Wir bekämpfen zu viele Feinde auf einem zu großen Teil der Welt, um auf einen spektakulären Sieg hoffen zu können. Sie aber, und solche wie Sie, müssen gewarnt werden wenn wir noch die Chance der Ehre haben sollen.«

Der Wein war sehr stark, und die Hitze in der Halle trug dazu bei, Bolithos Vorsicht zu durchbrechen.

»Sir Evelyn, sicherlich müssen doch hier in New York, nach allem was seit der Rebellion geschehen ist, alle sich über die wirklichen Tatsachen im klaren sein?«

Er zuckte müde die Schultern. »Der Generalstab ist zu sehr mit seinen eigenen Angelegenheiten beschäftigt, um sich darum zu kümmern, was hier geschieht. Und der Gouverneur, wenn wir ihn so nennen dürfen, verbringt zuviel Zeit damit, kichernde junge Mädchen zu jagen und sich über seinen wachsenden Reichtum zu freuen, sodaß er also nicht den Wunsch hat, die Dinge zu ändern. Er war früher Quartiermacher bei der Armee, also ein ausgebildeter Dieb, und er wird gekonnt unterstützt von einem Gouverneursleutnant, der früher Zollbeamter in einer Stadt war, die nur für ihren Schmuggel berühmt war!« Er kicherte. »Diese beiden haben also diesen Ort zu ihrem eigenen Nutzen mit Beschlag belegt. Kein Händler oder Kapitän eines Handelsschiffes kann hereinkommen oder hinausgehen ohne Erlaubnis, von denen wiederum unsere *Führer* reichen Gewinn haben.

New York ist vollgestopft mit Flüchtlingen, und der Gouverneur hat bestimmt, daß die Gelder der Stadt, der Kirche und der Schulen in einem Fonds gesammelt werden sollen, um ihnen ihr Los zu erleichtern.«

Bolitho runzelte die Stirn. »Aber *das* war doch sicherlich in gutem Glauben gehandelt?«

»Vielleicht. Aber das meiste davon ist vertan worden. Bälle und Tanzveranstaltungen, Empfänge wie dieser, Geliebte und Huren, Schmarotzer und Favoriten. Dies alles kostet eine Menge Geld.«

»Ich verstehe.«

In Wirklichkeit verstand er nicht. Wenn er an sein Schiff dachte, das tägliche Risiko von Verletzung oder Tod und den geringen Komfort, die Art und Weise, mit der jeder kämpfende Mann einem bestimmten Feind ins Auge sah, dann war er entsetzt.

Christie sagte: »Bei mir steht die Pflicht an allererster Stelle. Ich würde jeden hängen, der anders handelt. Aber diese...« er verbarg seine Verachtung nicht, »diese Schmarotzer verdienen keine Loyalität. Wenn wir schon einen Krieg durchkämpfen müssen, dann sollten wir uns wenigstens versichern, daß sie keinen Gewinn aus unserem Opfer ziehen!«

Dann lächelte er, die plötzliche Entspannung der Linien um seine Augen und den Mund veränderte ihn aufs neue.

»Nun, Bolitho, haben Sie die nächste Lektion gelernt? Zuerst verschaffen Sie sich Respekt, dann ein Kommando über ein Schiff. Dann erhalten Sie die Kontrolle über mehr und größere Schiffe. Das ist der Weg des Ehrgeizes, ohne den für mich kein Offizier einen Pfifferling wert ist.«

Er gähnte. »Ich muß jetzt gehen.« Er hielt ihm die Hand hin. »Bleiben Sie noch ein bißchen und setzen Sie Ihre Erziehung fort.«

»Werden Sie nicht bleiben, um den Gouverneur zu treffen, Sir?« Etwas wie Panik bei dem Gedanken, alleingelassen zu werden, ließ ihn seine inneren Gefühle zeigen.

Christie lächelte fröhlich. »Niemand wird ihn heute abend treffen. Er befaßt sich mit diesen Angelegenheiten nur, um alte Schulden zu bezahlen und um sozusagen sein »Süppchen am Kochen« zu halten.« Er winkte einem Dienstmann. »Amüsieren Sie sich gut, Sie haben es verdient, obwohl ich glaube, Sie wären lieber in London — oder?«

Bolitho grinste. »Nicht London, Sir.«

»Natürlich.« Der Admiral sah den Dienstmann mit seinem Hut und Mantel herankommen. »Ein Sohn der Erde. Ich hatte es vergessen.« Mit einem Kopfnicken verschwand er durch die Türe und war schnell in den tiefen Schatten auf dem Rasen verschwunden.

Bolitho fand einen freien Platz am Ende des Tisches und versuchte sich schlüssig zu werden, was er essen sollte. Er mußte etwas essen, denn der Wein wirkte ausgezeichnet. Er fühlte sich ungewöhnlich leicht und beschwingt, daran war aber nicht nur der Wein schuld. Indem er ihn sich selbst überließ, hatte der Admiral für den Augenblick die Kontrolle ausgesetzt. Er hatte ihm die Möglichkeit gegeben, zu handeln und zu denken wie er wollte. Er konnte sich nicht daran erinnern, daß dies jemals vorher geschehen war.

Ein gedrungener Korvettenkapitän mit vor Hitze und Wein fleckigem Gesicht drängte sich an ihm vorbei und schnitt sich ein enormes Stück Pastete ab, das er zu verschiedenen anderen Sorten kalten Fleisches auf seinen Teller häufte, ehe ein Diener ihm helfen konnte. Bolitho dachte an Bethune. Dieser Teller hätte selbst seinen Appetit für einige Tage befriedigt.

Der ältere Kapitän drehte sich um und blickte ihn an. »Ah. Welches Schiff?«

»*Sparrow*, Sir.« Bolitho sah, daß er schielte, als ob er eine Vision vertreiben müßte.

»Nie von ihr gehört.« Er runzelte die Stirn. »Wie heißen Sie, eh?«

»Richard Bolitho, Sir.«

Der Kapitän schüttelte den Kopf. »Auch noch nie von *Ihnen* gehört.« Er watschelte in die Menge zurück und schmierte dabei etwas von dem Fleisch an einen Pfosten ohne auch nur stehenzubleiben.

Bolitho lächelte. In dieser Umgebung wurde man sich bald der wirklichen Bedeutung seines Ranges bewußt.

»Nanu, *Kapitän!*« Die Stimme ließ ihn herumfahren. »Er ist es! Ich *wußte* einfach, daß Sie es sind!«

Bolitho starrte das Mädchen einige Sekunden an, ohne es wiederzuerkennen. Sie war hübsch, hübscher noch als er sie seit dem lange zurückliegenden Tag in Erinnerung hatte.

Als sie sich gegen ihren Onkel, General Blundell, gewandt hatte, schrie und mit den Füßen strampelte, als seine Männer sie buchstäblich von Bord des Indienfahrers trugen vor seinem Kampf mit der *Bonaventure.*

Und doch war sie dieselbe geblieben. Das Lächeln, halb amüsiert, halb spöttisch. Die violetten Augen, die ihn machtlos machten, in einen sprachlosen Bauern verwandelten.

Sie wandte sich zu einem hochgewachsenen Offizier an ihrer Seite, er trug den grünen Rock der Dragoner, und sagte: »Er war so jung, so *ernst*, ich glaube, alle Damen an Bord verliebten sich in den armen Mann.«

Der Dragoner sah Bolitho kalt an. »Wir müssen uns beeilen, Susannah. Ich möchte, daß Du den General kennenlernst.« Sie streckte ihren Arm aus und legte eine weißbehandschuhte Hand auf Bolithos Rockaufschlag.

»Ich freue mich, Sie wiederzusehen! Ich habe oft an Sie und Ihr kleines Schiff gedacht.« Ihr Lächeln erlosch und sie wurde plötzlich ernst. »Sie sehen gut aus, Kapitän. Sehr gut. Vielleicht etwas älter. Ein bißchen weniger wie...« das Lächeln kam wieder »der als Mann verkleidete Junge?«

Er errötete, war sich aber dessen bewußt, daß das Vergnügen seiner Verwirrung gleichkam.

»Nun, ich nehme an....«

Aber sie hatte sich schon wieder umgewandt, als zwei weitere Begleiter aus der Menge auf sie zukamen.

Dann schien sie sich zu entscheiden.

»Werden Sie mit mir essen, Kapitän?« Sie betrachtete ihn nachdenklich. »Ich werde Ihnen einen Diener mit der Einladung schicken.«

»Ja.« Die Worte platzten heraus. »Ich würde das sehr gerne tun Danke.«

Sie machte einen Knicks und brachte damit die Erinnerung an ihr erstes Zusammentreffen schmerzhaft in sein Gedächtnis zurück.

»Dann ist es also abgemacht.«

Die Menge wogte hin und her und schien sie vollständig zu verschlucken.

Bolitho nahm sich noch einen Becher und ging unsicher auf den Rasen zu. Susannah hatte der Dragoner sie genannt. Dies paßte wunderbar zu ihr.

Er blieb neben dem Springbrunnen stehen und starrte mehrere Minuten hinein. Der Empfang war also doch noch ein Erfolg geworden und der Vormittag schien nur noch eine fade Erinnerung zu sein.

Herzdame

Drei Tage nach dem Empfang des Gouverneurs war die *Sparrow* wieder seeklar. Bolitho hatte eine genaue Inspektion durchgeführt und unter Locks argwöhnischen Blicken eine endgültige Liste der Vorräte und Lagerbestände unterzeichnet. Die letzten drei Tage waren ohne besondere Ereignisse vorübergegangen und Bolitho fand es leichter, die offensichtliche Lethargie New Yorks zu verstehen, wenn nicht sogar zu teilen. Es war eine unwirkliche Existenz, den Krieg nur am Ende einer Marschkolonne von Soldaten zu sehen, oder in einer Aufstellung in der Zeitung.

Die andere übriggebliebene Korvette der Flotte, *Heron*, hatte kürzlich auch in Sandy Hook Anker geworfen und erwartete nun voller Hoffnung eine ähnliche Überholung.

An diesem Vormittag saß Bolitho in seiner Kajüte und genoß ein Glas guten Bordeaux mit dem Kommandanten der *Heron*, Thomas Farr. Bei ihrem letzten Zusammentreffen war er noch Leutnant gewesen, aber Maulbys Tod hatte ihm die wohlverdiente Beförderung gebracht. Er war für seinen Rang recht alt, ungefähr zehn Jahre älter als er selbst, dachte Bolitho. Ein großer, breitschultriger Mann, ungeschlacht und mit einer etwas drastischen Ausdrucksweise, die an Tilby erinnerte. Er war zu seiner jetzigen Ernennung sozusagen auf vielen Umwegen gekommen. Als achtjähriger Junge zur See geschickt, war er die meiste Zeit seines Lebens auf Handelsschiffen gefahren — Küstensegler und Postschiffe, Indienfahrer und kleinere Schiffe, schließlich hatte er das Kommando über eine Kohlenbrigg aus Cardiff bekommen. Da England in den Krieg verwickelt war, hatte er seine Dienste der Marine angeboten und war gerne angenommen worden. Wenn ihn auch seine Manieren und seine Bildung von den anderen Offizieren trennten, so waren seine Erfahrung und seine Geschicklichkeit beim Segeln ihnen weit überlegen. Paradoxerweise war die *Heron* kleiner als die *Sparrow* und hatte wie ihr Kommandant als Handelsmann begonnen. Daher war auch ihre Bewaffnung von vierzehn Geschützen kleiner. Sie hatte aber trotzdem schon einige gute Prisen genommen.

Farr räkelte sich auf der Heckbank und hob sein Glas zum Sonnenlicht.

»Verdammt guter Tropfen! Wenn ich aber einen Krug voll englischem Bier hätte, könnten Sie das gegen die Wand spucken!« Er lachte und gestattete Bolitho, noch ein Glas auszuschenken.

Bolitho lächelte. Wie sich die Dinge für sie alle geändert hatten. Wenn er sich zurückerinnerte an den Augenblick in Antigua, als er zum Treffen mit Colquhoun ging, war es schwierig, sich ins Gedächtnis zu rufen, wie die Jahre und Wochen sie alle als Individuen beeinflußt hatten. Damals, als er aus Colquhouns Fenster gesehen hatte, lag dort die ganze Flotte und er hatte sich gefragt, wie wohl sein neues Kommando sein würde. Viele andere Zweifel und Befürchtungen hatten ihn an diesem Morgen geplagt.

Jetzt gab es die *Fawn* nicht mehr, und die *Bacchante* war erst gestern ausgelaufen, um zu der Flotte unter Rodney zu stoßen. Ihr Kapitän war vom Flaggschiff ernannt worden, und Bolitho fragte sich, ob wohl Colquhoun die Möglichkeit gehabt hatte, von seiner Arrestzelle aus zu sehen, wie sie die Anker lichtete.

Jetzt waren nur noch *Sparrow* und *Heron* übrig. Natürlich abgesehen von dem kleinen Schoner *Lucifer*, der eine Klasse für sich war. Er würde weiterhin kleine Küstenseglerpatrouillen machen, oder auch in Buchten und Flußläufe vorstoßen, um Blockadebrecher aufzustören.

Farr betrachtete ihn behaglich und bemerkte: »Nun, Sie kommen mächtig voran, wie ich höre. Empfang beim Gouverneur, Wein mit dem Admiral! Lieber Himmel, kein Mensch wird sagen können, wo Sie einmal enden. Wahrscheinlich beim diplomatischen Corps, mit einem Dutzend kleiner Mädchen, die nach Ihrer Pfeife tanzen, oder?« Er lachte laut.

Bolitho zuckte die Schultern. »Nicht für mich, ich habe genug gesehen.«

Er dachte schnell an das Mädchen. Sie hatte ihm nicht geschrieben. Auch hatte er sie nicht gesehen, obwohl er es sich zur

Gewohnheit gemacht hatte, an ihrem Hause vorbeizugehen, wenn er in Schiffsangelegenheiten an Land war.

Es war ein schönes Haus, nicht viel kleiner als das, in dem der Empfang stattgefunden hatte. Es waren Soldaten an den Toren, und er vermutete, daß der Besitzer irgendein Regierungsamt innehatte. Er hatte versucht, sich selbst klarzumachen, kein solcher Narr zu sein, so naiv, daß er erwartete, jemand von ihrer Herkunft könnte sich seiner mehr als flüchtig erinnern. In Falmouth war die Familie Bolitho sehr angesehen, ihr Land und Besitz gaben vielen Brot und Existenz. Die kürzlich erzielten Prisengelder hatten Bolitho zum erstenmal in seinem Leben ein Gefühl der Unabhängigkeit gegeben, so daß er den Sinn für Realität verloren hatte, wenn es um Leute wie Susannah Hardwicke ging. Ihre Familie gab wahrscheinlich in einer Woche mehr aus, als er verdient hatte, seit er Kommandant der *Sparrow* war. Sie war es gewöhnt zu reisen, auch wenn die anderen durch den Krieg oder fehlende Mittel daran gehindert wurden. Sicherlich kannte sie die wichtigsten Leute, und ihr Name würde in den großen Häusern von London bis Schottland akzeptiert werden. Er seufzte. Er konnte sie sich nicht als Hausherrin von Falmouth vorstellen. Beim Empfang von rotgesichtigen Farmern und ihren Frauen, bei der Teilnahme an den örtlichen Festen und dem rauhen Leben einer Gemeinschaft, die so naturverbunden lebte.

Farr schien seine Stimmung zu erraten und fragte: »Wie steht es mit dem Krieg, Bolitho? Wohin führt er uns?« Er schwenkte sein Glas. »Manchmal denke ich, wir werden immer weiter Patrouille fahren und hinter diesen verfluchten Schmugglern herjagen bis wir vor Altersschwäche sterben.«

Bolitho stand auf und ging ruhelos zu den Fenstern. Es gab viele Beweise der Macht in der Nähe. Linienschiffe, Fregatten und alle anderen. Und doch machten sie den Eindruck zu warten. Aber worauf?

Er sagte: »Cornwallis scheint entschlossen, Virginia wieder zurückzuerobern. Seine Soldaten machen ihre Sache gut, wie ich höre.«

»Das klingt nicht allzu zuversichtlich!«

Bolitho sah ihn an. »Die Armee ist auf ihre Versorgung angewiesen. Sie können sich nicht länger auf Unterstützung oder Verpflegung auf dem Landweg verlassen. Alles muß über das Wasser kommen. Das ist für eine Armee keine Basis zum Kampf.«

Farr grunzte. »Das geht uns nichts an. Sie machen sich zuviel Sorgen. Ich denke, wir sollten sie machen lassen. Wir sollten nach Hause gehen und den Froschfressern tüchtig das Fell versohlen. Die verdammten Spanier würden bald nach Frieden schreien, und die Holländer mögen ihre sogenannten Verbündeten sowieso nicht. *Dann* können wir nach Amerika zurückkommen und es noch einmal versuchen.«

Bolitho lächelte: »Ich fürchte, wir würden wirklich an Altersschwäche sterben, wenn wir diesem Kurs folgten.«

Er hörte einen Anruf, das Kratzen eines Bootes längsseits. Er stellte fest, daß sein Verstand es registriert hatte, er aber entspannt, sogar gleichgültig geblieben war. Als er zuerst an Bord gekommen war, gab es keinen Laut und kein Vorkommnis, das nicht seine sofortige Aufmerksamkeit gefunden hätte. Vielleicht gelang es ihm endlich, seine wirkliche Rolle zu akzeptieren.

Graves erschien in der Kajütentüre mit einem vertrauten versiegelten Umschlag.

»Wachboot, Sir.« Er warf einen Blick auf den Kommandanten der *Heron*. »Ich nehme an, die Befehle zum Auslaufen.«

Bolitho nickte. »Machen Sie weiter, Mr. Graves. Ich werde Sie sofort informieren.«

Der Leutnant zögerte. »Dieser Brief wurde auch abgegeben, Sir.«

Er war klein, und die Handschrift wurde fast von einem Siegel verborgen. Büro der Militärregierung.

Als die Türe sich geschlossen hatte, fragte Farr heiser: »Graves? Ich hoffe doch, er ist kein verfluchter Verwandter unseres Admirals!«

Bolitho grinste. Da Rodney in den West Indies war, und noch immer durch Krankheit behindert war, erhielt Konteradmiral Thomas Graves das Kommando über die amerikanischen Gewässer. Da ihm die Weisheit Rodneys fehlte, auch der harterkämpfte Respekt Hoods, wurde er von den meisten Offizieren der Flotte als ein fairer aber vorsichtiger Kommandant eingeschätzt. Er glaubte hundertprozentig an die strengen Regeln des Kampfes, und es war nicht bekannt, daß er jemals auch nur ein Jota von ihrer Interpretierung abgewichen wäre. Verschiedene ältere Kapitäne hatten Vorschläge zur Verbesserung des Signalsystems zwischen Schiffen im Gefecht eingereicht. Graves hatte, laut vieler Geschichten, die in der Flotte die Runde machten, ganz kalt gesagt: »Meine Kapitäne kennen ihre Funktion. Das sollte für einen Mann genügen.«

Bolitho erwiderte. »Nein. Vielleicht wäre es besser, wenn es so wäre. Wir wüßten vielleicht mehr vom Geschehen.«

Farr stand auf und rülpste. »Guter Wein. Noch bessere Gesellschaft. Ich werde Sie jetzt Ihren versiegelten Orders überlassen. Wenn alle geschriebenen Depeschen von allen Admiralen der Welt zusammengebunden würden, hätten wir genug, um den Äquator zu bedecken, das ist eine Tatsache! Zum Donnerwetter, manchmal meine ich, wir ersticken an Papier!«

Er stolperte aus der Kajüte und lehnte Bolithos Angebot ab, ihn bis nach oben zu begleiten. »Wenn ich jetzt nicht alleine fertig werde, ist es Zeit, daß man mir eine Ladung Schrot verpaßt und mich über Bord wirft!«

Bolitho setzte sich an den Tisch und öffnete den Leinenumschlag, obwohl seine Augen hauptsächlich auf dem kleineren ruhten.

Die Befehle waren kürzer als gewöhnlich. Da sie seeklar war, würde die Korvette seiner Majestät *Sparrow* Anker lichten und am nächsten Tag in aller Frühe auslaufen. Sie würde eine unabhängige Patrouille ausführen, östlich zum Montauk Point an der Spitze von Long Island, und dann in Richtung Block Island zu den Ausläufern von Newport.

Er unterdrückte die aufsteigende Erregung mit einiger Schwierigkeit und zwang sich, sich auf die spärlichen Erfordernisse der Patrouillenfahrt zu konzentrieren. Er sollte sich nicht mit feindlichen Mächten einlassen außer auf eigene Verantwortung. Seine Augen ruhten auf den letzten Worten. Wie ihn dies an Colquhoun erinnerte. So kurz, und doch beinhaltete es die ganze Schwierigkeit seiner Position, falls er falsch handelte.

Aber endlich konnte man etwas Direktes tun. Nicht nur Blockadebrecher ausspüren oder einen schlauen Freibeuter suchen. Dies war französisches Gebiet. Der Zipfel der zweitgrößten Seemacht der Welt. Er sah, daß Konteradmiral Christie seine Unterschrift unter die krakelige des Flaggkapitäns gesetzt hatte. Wie typisch für diesen Mann. Ein Zeichen seines Vertrauens und der Reichweite seines Armes.

Er stand auf und klopfte an das Skylight.

»Fähnrich der Wache!«

Er sah Bethunes Gesicht über sich und rief: »Meine besten Empfehlungen an den Ersten Leutnant, ich möchte ihn sofort sehen.« Er machte eine Pause. »Ich dachte, Sie hätten eine frühere Wache?«

Bethune schlug die Augen nieder. »Aye, Sir. Das stimmt, aber...«

Bolitho sagte ruhig: »In Zukunft werden Sie wie festgelegt Ihre Wachen gehen. Ich nehme an, Mr. Fowler hätte jetzt Wache gehabt?«

»Ich habe es ihm versprochen, Sir.« Bethune sah unsicher aus.
»Ich schuldete ihm einen Gefallen.«

»Nun gut. Aber erinnern Sie sich an meine Befehle. Ich dulde keine *pensionierten* Offiziere auf diesem Schiff!«

Er setzte sich wieder. Es hätte ihm auffallen müssen, was vorging. Der arme Bethune war den Fowlers dieser Welt nicht gewachsen. Er lächelte trotz seiner Besorgnis. Er hatte gut reden.

Er schlitzte den zweiten Umschlag auf und stieß ruckartig an den Tisch.

Mein lieber Kapitän. Ich würde mich sehr freuen, wenn Sie heute Abend mit uns speisen könnten. Ich bin unglücklich über diese nicht entschuldbare Verspätung und hoffe, daß Sie mir sofort vergeben werden. Während Sie diesen Brief lesen, beobachte ich Ihr Schiff durch das Fernglas meines Onkels. Damit ich nicht im Ungewissen bin, zeigen Sie sich bitte.

Der Brief war unterschrieben mit *Susannah Hardwicke.*

Bolitho erhob sich und schrie leise auf, als sein Kopf gegen einen Decksbalken stieß. Er schloß rasch seine Befehle in die Kajütenkassette ein und eilte die Niedergangsleiter hinauf.

Das Fernglas ihres Onkels, General Blundell, war also auch da. Das würde die Wachen an den Toren erklären.

Aber sogar diese Tatsache deprimierte ihn nicht. Er stieß fast mit Tyrell zusammen, als dieser nach vorne gehinkt kam, die Arme mit Schmierfett besudelt.

»Bitte entschuldigen Sie, daß ich nicht hier war, als Sie mich rufen ließen, Sir. Ich war im Kabelgatt.«

Bolitho lächelte: »Sie haben wohl die Gelegenheit benützt, um nach Fäulnis zu suchen?«

Tyrell rieb sich das Bein. »Aye. Aber es ist alles in Ordnung. Das Schiff ist so gesund wie ein Fisch im Wasser.«

Bolitho ging zu den Wanten und beschattete seine Augen vor dem heftigen Licht. Die weit entfernten Häuser verloren sich fast im Dunst, ihre Umrisse zitterten und verschwammen ineinander, Als ob sie in der Hitze schmelzen würden.

Tyrell sah ihn fragend an: »Ist etwas nicht in Ordnung, Sir?« Bolitho beugte sich zu Bethune hinunter und nahm sein Fernglas. Man sah auch nicht besser. Das Glas, das auf die *Sparrow* gerichtet wurde, war wahrscheinlich sehr groß. Sehr langsam hob er den Arm und winkte von einer Seite zur anderen.

Hinter ihm standen Tyrell und Bethune stocksteif, einer war genauso bestürzt über das befremdliche Benehmen des Kapitäns wie der andere.

Bolitho drehte sich um und sah Tyrells Gesicht. »Hm, ich habe gerade jemand gewunken.«

Tyrell sah an ihm vorbei auf die vor Anker liegenden Schiffe und geschäftigen Hafenarbeiter.

»Ich verstehe, Sir.«

»Nein, Jethro, das tun Sie nicht, aber es macht nichts.« Er schlug ihm auf die Schulter. »Kommen Sie mit hinunter, dann werde ich Ihnen sagen, was wir zu tun haben. Ich vertraue Ihnen heute abend das Schiff an, da ich an Land essen werde.« Ein langsames Grinsen ging über das Gesicht des Leutnants. »Oh, ich *verstehe,* Sir!«

Sie studierten soeben die Karte und diskutierten die Segelbefehle, als sie Bethune schreien hörten: »Halt! Stillgestanden, der Mann!« Dann hörte man ein Aufklatschen und noch mehr Schreie auf dem Geschützdeck.

Bolitho und Tyrell eilten wieder auf das Achterdeck und fanden Bethune und die meisten wachfreien Leute an der Backbordreling oder in die Wanten geklammert.

Ein Mann war im Wasser, seine Arme holten kräftig aus, und sein dunkles Haar glänzte in der Gischt und im Sonnenlicht. Bethune keuchte: »Es war Lockhart, Sir! Er sprang über Bord, ehe ich ihn aufhalten konnte!«

Tyrell murmelte. »Ein guter Seemann. Niemals Schwierigkeiten. Ich kenne ihn gut.«

Bolitho sah auf den Schwimmer. »Ein Kolonist?«

»Aye. Er kam vor einigen Jahren aus Newhaven. Jetzt hat er es getan, der arme Teufel.« Es war kein Ärger in Tyrells Stimme. Wenn überhaupt etwas, dann war es Mitleid.

Bolitho hörte, wie die Männer in seiner Nähe ihre Vermutungen über die Chancen des Schwimmers, an Land zu kommen, äußerten. Es war eine weite Strecke.

Während seiner Zeit auf See hatte Bolitho viele Deserteure gekannt. Oft hatte er Sympathie für sie empfunden, auch wenn er gedacht hatte, daß ihre Taten falsch seien. Nur wenige meldeten sich freiwillig zum harten Dienst auf einem Schiff des Königs, vor allem da niemand je mit Sicherheit wußte, ob er seine Heimat wiedersehen würde. Die Seehäfen waren voll von denen, die zurückgekehrt waren. Krüppel und Männer, die in vielen Fällen vor der Zeit gealtert waren. Aber bis jetzt hatte noch niemand einen besseren Weg gefunden, die Flotte zu bemannen. Sobald sie einmal gepreßt waren, akzeptierten die meisten Männer ihr Schicksal, man konnte sich sogar darauf verlassen, daß sie andere mit ähnlichen Methoden dazubringen würden. Die alte Seemannsregel »Wenn ich hier bin, warum nicht er?« hatte auf Kriegsschiffen eine große Bedeutung.

Dies war aber ein anderer Fall. Der Seemann Lockhart schien nichts Außergewöhnliches zu sein. Ein guter Arbeiter und kaum verspätet auf seiner Wache oder Station. Aber die ganze Zeit mußte er an sein eigenes Heimatland gedacht haben, und der Aufenthalt in New York gab ihm den Rest. Auch jetzt, als er sich stetig an einem vor Anker liegenden Zweidecker vorbeiarbeitete, dachte er ohne Zweifel nur an sein Ziel. Ein vages Bild von Haus und Familie, oder Eltern, die fast vergessen hatten, wie er aussah.

Ein schwacher Knall kam vom Bugspriet des Zweideckers herüber, und Bolitho sah, wie ein rotberockter Seesoldat schon die zweite Kugel in seine Muskete rammte, für einen weiteren Schuß auf den einsamen Schwimmer.

Ein ärgerliches Gemurmel kam von den Seeleuten der *Sparrow*. Was sie auch von der Desertation des Mannes dachten, oder über den Mann selbst, hatte nichts mit ihrer Reaktion zu tun. Er war einer der Ihren, und der Rotrock war momentan ein Feind.

Yule, der Feuerwerker, brummte: »Dieser verdammte Ochse sollte selbst niedergeschossen werden, der verfluchte Bastard!« Der Seesoldat schoß nicht mehr, sondern rannte zum Ende seiner kleinen Plattform, um den Schwimmer zu beobachten, wie ein Raubvogel, der seiner Beute für's erste genug gegeben hat. Oder so sah es wenigstens aus. Als dann ein Wachboot um das Heck eines anderen Zweideckers herumkam, wußte Bolitho, warum er sich nicht die Mühe gemacht hatte zu schießen.

Das Langboot bewegte sich vorsichtig, die Riemen bewegten es durch das glitzernde Wasser wie einen blauen Fisch. Im Heck sah er verschiedene Seesoldaten, einen Fähnrich mit auf den Seemann gerichtetem Fernglas.

Yule bemerkte ernst: »Jetzt kann er nicht mehr entkommen.«

Tyrell sagte: »Wir haben es nicht mehr in der Hand.«

»Aye.«

Bolitho fühlte sich plötzlich schwer, die Freude des Briefes war durch die Verzweiflung des Mannes verdorben worden. Niemand, der von einem Schiff des Königs *wegrannte*, konnte auf Gnade hoffen. Es war zu hoffen, daß er gehängt würde, besser als dem Schrecken ins Auge blicken zu müssen, in der ganzen Flotte ausgepeitscht zu werden. Es überlief ihn kalt.

Wenn er gehängt werden würde... Er starrte an den Großmast der *Sparrow* hinauf, mit verzweifelten Augen. Es gab keinen Zweifel darüber, wo die Hinrichtung stattfinden würde. Sogar Christie würde darauf bestehen. Ein Beispiel. Eine Warnung, die alle an Bord und auf den nächstliegenden Schiffen verstehen würden. Er versuchte nicht auf das Wachboot zu blicken, als es auf den kleinen vorwärtshastenden Kopf zufuhr.

Seine eigenen Freunde, die treuen Seeleute der *Sparrow*, würden gezwungen werden, dabei zu sein, wenn ihm die Schlinge um den Hals gelegt würde, ehe sie, und sie allein, den Befehl erhalten würden, ihn zur Rah hinaufzuziehen. Nach allem, was sie zusammen ausgehalten hatten, könnte diese übelkeiterregende Handlung einen Keil zwischen die Offiziere und die Mannschaft treiben und zerstören, was sie erreicht hatten.

Tyrell sagte atemlos: »Sehen Sie, Sir!«

Bolitho ergriff ein Fernglas und richtete es über das Wachboot hinweg.

Er konnte gerade noch sehen, wie der Mann, Lockhart, Wasser trat und sich umdrehte, um entweder das Boot oder vielleicht die *Sparrow* anzusehen. Dann, als die Riemen des Bootes es zum Stillstand brachten und ein Soldat über den Vordersteven nach dem Haar des Mannes griff, warf er seine Hände in die Höhe und verschwand unter der Oberfläche.

Niemand sprach, und Bolitho bemerkte, daß er den Atem anhielt, vielleicht genauso wie der Mann, der so plötzlich verschwunden war.

Im allgemeinen waren die Seeleute schlechte Schwimmer. Vielleicht hatte er einen Krampf bekommen. Jeden Augenblick würde er auf der Wasseroberfläche in der Nähe auftauchen, und die Mannschaft des Wachboots würde ihn an Bord hieven. Sekunden, Minuten verstrichen, und dann nahm das Wachboot auf ein Kommando hin wieder seine langsame Patrouille zwischen den verankerten Schiffen auf.

Bolitho sagte ruhig: »Dafür danke ich Gott. Wenn er leiden mußte, bin ich froh, daß es ohne Gewalt abging.«

Tyrell sah ihn trübe an. »Das stimmt.« Er drehte sich mit plötzlichem Ärger zu dem Feuerwerker um. »Mr. Yule! Schaffen Sie diese Gaffer von der Reling weg, oder ich werde eine harte Arbeit für sie finden!«

Er war ungewöhnlich verstört, und Bolitho fragte sich, ob er sein eigenes Schicksal mit dem des ertrunkenen Seemannes verglich.

Er sagte: »Machen Sie einen Eintrag ins Logbuch, Mr. Tyrell.«

»Sir?« Tyrell sah ihn grimmig an. »Als Deserteur?«

Bolitho sah an ihm vorbei auf die Seeleute, die wieder auf das Geschützdeck zugingen.

»Wir *wissen* nicht sicher, daß er desertieren wollte. Tragen ihn als *entlassen-tot* ein.« Er ging zum Niedergang. »Seine Verwandten müssen schon genug ertragen ohne die zusätzliche Schande.«

Tyrell sah ihn weggehen, sein Atem wurde langsam wieder normal. Es würde Lockhart nichts nützen. Er war außerhalb jeder Reichweite. Aber Bolithos Befehl würde gewährleisten, daß sein Name nicht befleckt war, sein Verlust würde eingetragen werden bei denen, die in der Schlacht gefallen waren, in Kämpfen, an denen er selbst auch ohne Klage teilgenommen hatte. Es war nur ein kleiner Unterschied. Aber trotzdem wußte er, daß nur Bolitho daran gedacht hätte.

*

Als Bolitho aus seiner Gig kletterte, war er erstaunt, eine hübsch bemalte Kutsche vorzufinden, die an der Pier auf ihn wartete. Ein livrierter Neger nahm seinen Dreispitz ab und verbeugte sich tief.

»Guten Abend, Sir.« Er öffnete die Kutschentüre mit einer ein-
ladenden Bewegung, während Stockdale und die Mannschaft der
Gig in schweigender Bewunderung zusahen.

Bolitho hielt inne. »Hm, warte nicht, Stockdale. Ich werde mit
einem Mietboot zum Schiff zurückkommen.«

Er war in gehobener Stimmung und sich sehr wohl der beobachtenden Leute auf der Straße oberhalb der Pier bewußt, eines
neidischen Blickes von einem vorübergehenden Major der Seesoldaten. Stockdale faßte an seinen Hut. »Wenn Sie es sagen, Sir.
Ich *könnte* mit Ihnen kommen...«

»Nein. Ich werde euch morgen voll brauchen.« Er kam sich plötzlich rücksichtslos vor und zog eine Münze aus der Tasche.

»Hier, kauf etwas Grog für die Mannschaft der Gig. Aber nicht
zuviel — aus Gründen der Sicherheit!«

Er kletterte in die Kutsche und sank in die blauen Kissen zurück,
als die Pferde mit einem Ruck an ihrem Geschirr zu ziehen begannen.

Mit dem Hut auf den Knien sah er die vorüberhuschenden
Häuser und Menschen an, Stockdale und das Schiff waren für
den Augenblick vergessen. Einmal, als der Kutscher in die Zügel
griff, um einen schweren Wagen vorne vorbeizulassen, hörte er
das weit entfernte Geräusch von Kanonendonner. Trotzdem war
es schwierig, das entfernte Geschützfeuer mit den hellerleuchteten
Häusern, den abgerissenen Melodien oder Liedfetzen aus den
Tavernen an der Straße in Verbindung zu bringen. Vielleicht
probierte eine Abteilung der Armee ihre Geschütze aus. Viel
wahrscheinlicher war ein nervöses Duell zwischen zwei Vorpo-
sten, an der Stelle, an der die beiden Armeen in Alarmbereitschaft
lagen.

Es dauerte nicht lange, bis sie das Haus erreichten, und als er aus
der Kutsche stieg, bemerkte er, daß auch andere Gäste ankamen.
Er schalt sich wieder einen Narren, weil er sich vorgestellt hatte,
daß er heute abend alleine empfangen würde.

Diener glitten aus dem Schatten, und wie durch Zauberei waren
sein Hut und sein Bootsmantel verschwunden.

Ein Dienstmann öffnete einige Türen und kündigte an: »Kapitän
Richard Bolitho vom Schiff Seiner Majestät *Sparrow*.«

Was für ein Unterschied zum Empfang dachte er. Als er in den
schönen hohen Raum hineinging, war er sich des mit einem

Hauch von Luxus und Intimität gemischten Komforts bewußt, der vorher gefehlt hatte.

Am Ende des Raumes ließ General Sir James Blundell ihn schweigend herankommen und sagte dann rauh: »Sie sind ein unerwarteter Gast, Bolitho.« Seine schweren Züge entspannten sich etwas. »Meine Nichte sagte mir, daß Sie kommen würden.« Er streckte seine Hand aus. »Sie sind hier willkommen.«

Der General hatte sich sehr wenig verändert. Vielleicht etwas schwerer, aber sonst der Alte. In einer Hand hielt er ein Brandyglas, und Bolitho erinnerte sich an seinen Aufenthalt an Bord der *Sparrow*, an seine offensichtliche Verachtung für die Männer, die ihn in Sicherheit gebracht hatten.

Etwas von ihrem ersten Zusammentreffen mußte unter seinen Freunden bekannt geworden sein, denn nach Blundells Begrüßung wurde der Raum wieder lebendig, voll Gelächter und Unterhaltung. Es schien, als ob sie alle gewartet hätten um zu sehen, wie Blundell reagieren würde. Bolithos eigene Gefühle waren natürlich unwichtig. Man konnte ihm jederzeit bedeuten, wieder zu gehen.

Bolitho fühlte die Hand des Mädchens auf seinem Arm, und als er sich umdrehte, sah er sie zu sich aufblicken und lächeln. Mit einem Nicken zu ihrem Onkel führte sie ihn auf die andere Seite des Raumes, die Gäste wichen vor ihr zurück wie vor einer königlichen Hoheit.

Sie sagte: »Ich habe Sie heute gesehen. Danke, daß Sie gekommen sind.« Sie klopfte ihm auf die Ärmelaufschläge. »Ich finde, Sie waren eben wunderbar. Mein Onkel kann sehr schwierig sein.« Er erwiderte ihr Lächeln. »Ich kann das verstehen. Er hat schließlich meinetwegen viel Beute verloren.«

Sie runzelte ihre Nase. »Ich bin sicher, daß er sich durch eine andere Rückversicherung wieder gesundgestoßen hat.« Sie winkte einem Diener. »Etwas Wein vor dem Essen?«

»Danke.«

Er sah einige Offiziere, meist von der Armee, die ihn angestrengt beobachteten. Neid, Ärger, Neugier, alles lag in ihren Blicken.

Sie sagte: »Sir James ist jetzt Generaladjutant. Ich kam mit ihm nach unserer Rückkehr von England hierher.« Sie blickte sein Gesicht an, als er an dem Wein nippte. »Ich bin froh, daß ich gekommen bin. Ganz England trauert wegen des Krieges.«

Bolitho riß seine Gedanken von dem los, was sie über ihren Onkel gesagt hatte. Christie hatte schon verletzend über den Gouverneur und seinen Assistenten gesprochen. Wenn Blundell in die Kontrolle über die Stadt eingriff, dann gab es wenig Hoffnung auf Verbesserung.

Als das Mädchen sich umdrehte, um einen weißhaarigen Herrn und seine Dame zu begrüßen, verschlang er sie mit den Augen, als ob er sie zum letztenmal sähe.

Die gekrümmte Linie ihres Nackens, als sie sich vor ihren Gästen verbeugte, die Art, wie ihr Haar über ihre entblößten Schultern zu fließen schien. Es war sehr schönes Haar. Goldbraun, wie der Flügel einer jungen Drossel.

Er lächelte unsicher, als sie zu ihm aufblickte.

»*Wirklich*, Kapitän! Sie bringen ein Mädchen in Verlegenheit, so wie Sie schauen!« Sie lachte. »Ich nehme an, ihr Seeleute seid so lange von der Zivilisation weg, daß ihr euch nicht beherrschen könnt!« Sie nahm seinen Arm, ihr Mund zitterte vor Vergnügen. »Quälen Sie sich nicht! Man muß es nicht so ernst nehmen. Ich muß Sie wirklich lehren zu akzeptieren, was vorhanden ist, und sich an dem zu freuen, was Ihnen zusteht.«

»Verzeihung. Sie haben wahrscheinlich recht, was mich betrifft.« Er blickte auf den Marmorfußboden und grinste. »Auf See stehe ich sicher. Hier habe ich das Gefühl, als ob das Deck sich bewegt!«

Sie trat zurück und sah ihn forschend an. »Nun, ich werde sehen, was sich da tun läßt.« Sie fächelte ihre Lippen mit einem schmalen Fächer. »Jedermann spricht über Sie, was Sie getan haben, wie Sie diesem schrecklichen Kriegsgericht in die Augen sahen und Narren aus ihnen gemacht haben.«

»Ganz so war es nicht...«

Sie ignorierte ihn. »Natürlich werden *sie* nichts davon erwähnen. Einige haben wahrscheinlich Angst, daß Sie sich in einen wilden blutdürstigen Seewolf verwandeln!« Sie lachte fröhlich. »Andere sehen in Ihrem Erfolg etwas von ihrem eigenen Mißerfolg.«

Ein Dienstmann flüsterte mit dem General, und sie fügte schnell hinzu: »Ich muß Sie nun sich selbst überlassen zum Abendessen. Ich bin heute Gastgeberin.«

Er sagte: »Oh, ich dachte...« Um seine Verwirrung zu verbergen fragte er: »Ist Lady Blundell nicht auch hier?«

»Sie bleibt in England. Die Gewohnheiten meines Onkels sind die eines Soldaten. Ich glaube, sie ist zufrieden, wenn sie nichts damit zu tun hat.« Sie ergriff wieder seinen Arm. »Schauen Sie nicht so traurig. Ich werde Sie später wieder sehen. Wir müssen über Ihre Zukunft sprechen. Ich kenne Leute, die Ihnen helfen können. Sie dahin bringen, wo Sie es verdienen, anstatt...« Sie sprach nicht zu Ende.

Ein Gong ertönte und ein Diener kündigte an: »Meine Lords, verehrte Damen und Herren, es ist angerichtet.«

Sie folgten dem General und seiner Nichte in einen noch größeren Raum, Bolitho bekam als Tischdame eine dunkelhaarige kleine Frau, offensichtlich die Frau eines Stabsoffiziers. Er war nicht anwesend und mit etwas wie Bedauern dachte Bolitho, daß er sie wohl für den Rest des Abends auf dem Hals haben würde.

Das Dinner paßte zu dem Raum. Jeder Gang größer, noch ausgefallener zubereitet als der vorhergehende. Sein Magen hatte sich schon lange an die schmale Kost an Bord des Schiffes gewöhnt und die verschiedenen Anstrengungen vieler Schiffsköche. Sonst schien jedoch niemand Schwierigkeiten zu haben, und er konnte sich nur wundern, wie sich die Teller leerten, ohne daß eine augenscheinliche Unterbrechung in der Unterhaltung eintrat.

Viele Toasts wurden ausgebracht, mit Weinen, die so verschieden waren wie die Anlässe, sie zu trinken.

Nach dem loyalen Toast auf König George kamen alle üblichen. Tod den Franzosen. Verwirrung für unsere Feinde. Verflucht sei Washington. Je länger der Wein floß, desto bedeutungsloser und unzusammenhängender wurden sie.

Die Tischdame Bolithos ließ ihren Fächer fallen, und als er sich herabbeugte, um ihn zu holen, faßte sie unter das Tischtuch, ergriff sein Handgelenk und hielt es einige Sekunden gegen ihren Schenkel gepreßt. Es kam ihm wie eine Stunde vor und er dachte, daß jeder am Tisch ihn beobachte. Aber sie war die einzige, und in ihrem Gesicht war eine solche Begierde, daß er fast fühlen konnte, wie sie die Beherrschung verlor.

Er gab den Fächer zurück und sagte: »Langsam, Madame, es gibt noch einige Gänge.«

Sie starrte ihn mit offenem Mund an, dann lächelte sie verschwörerisch.

»Was für ein Geschenk, einen richtigen Mann zu finden!«

Bolitho zwang sich, noch einmal eine Portion Huhn zu nehmen, wenn auch nur, um sein Gleichgewicht wiederzufinden. Er konnte spüren, wie sie ihre Knie an sein Bein preßte, und es war ihm bewußt, daß sie, wann immer sie etwas vom Tisch benötigte, dies über seinen Arm hinweg holen mußte. Jedesmal verhielt sie in der Bewegung, so daß ihre Schulter oder ihre Brust ihn für einige Momente berührte.

Er blickte verzweifelt an der Tafel entlang und sah, daß das Mädchen ihn beobachtete. Es war schwierig, ihren Ausdruck zu deuten, wenn sie so weit entfernt war. Halb amüsiert, halb wachsam. Seine Tischdame sagte beiläufig. »Mein Mann ist viel älter als ich. Er kümmert sich mehr um sein verdammtes Büro als um mich.«

Sie griff nach Butter und ließ ihre Brust seinen Ärmel berühren während sie ihn anblickte.

»Ich nehme an, Sie sind schon viel herumgekommen, Kapitän. Wie ich mir *wünschte*, ich könnte irgendwohin ein Schiff nehmen. Weg von diesem Ort. Und von ihm.«

Endlich war die Mahlzeit vorüber und die Männer erhoben sich stühlescharrend, um ihren Damen zu gestatten, sich zurückzuziehen. Sogar im letzten Moment führte die Tischdame Bolithos ihren Feldzug fort, wie eine Fregatte, die ein anderes Schiff aussticht, das von Anfang an keine Chance hatte. Sie flüsterte: »Ich habe hier ein Zimmer. Ich werde einen Diener senden, der Sie führt.«

Als sie vom Tisch wegging, sah er sie stolpern, aber sie fing sich gleich wieder. Er dachte ängstlich, daß mehr als Wein nötig sein würde, um sie unterzukriegen.

Die Türen schlossen sich wieder, und die Männer brachten ihre Stühle näher an das Kopfende des Tisches.

Mehr Brandy und einige schwarze Zigarren, von denen Blundell sagte, sie stammen von »einem verdammten Dreckskerl, der sich um seine Abgaben drücken wollte«.

»Wie ich höre, sind Sie nun auf Lokalpatrouille, Bolitho.«

Blundells heisere Stimme zwang die anderen Gäste zu gespanntem Stillschweigen.

»Ja, Sir James.«

Bolitho blickte ihn gerade an. Blundell war sehr gut informiert, wenn man in Betracht zog, daß er seine Befehle erst an diesem Vormittag erhalten hatte.

»Gut. Wir brauchen ein paar Kapitäne, die den Willen haben, unsere Nachschubwege zu bewachen, nicht wahr!« Blundells Gesicht war scharlachrot von dem ausgiebigen Essen. »Ich sage, daß diese verdammten Yankees zu sehr ihren Willen bekommen haben!«

Ein zustimmendes Gemurmel erhob sich, und jemand lallte beschwipst: »Das s-stimmt, Sir!« Er fuhr unter Blundells schneidendem Blick zusammen.

Bolitho fragte schnell: »Oberst Foley, Sir — ist er immer noch in Amerika?«

»Er hat ein Bataillon unter Cornwallis.« Blundell schien desinteressiert. »Ist auch der verdammt beste Platz für ihn.«

Bolitho ließ es zu, daß die Unterhaltung um ihn herumfloß wie ein beschützender Mantel. Pferdezüchten und die Kosten eines Haushalts in New York. Die Affäre eines unglücklichen Artilleriehauptmanns, der mit der Frau eines Dragoners im Bett gefunden wurde. Die wachsende Schwierigkeit, guten Brandy zu bekommen, sogar zu Schmugglerpreisen...

Bolitho dachte an Christies Zusammenfassung. *Zwei Armeen*, hatte er gesagt. Oberst Foley, ob er nun ein sympathischer Mann war oder nicht, war einer von denen, die für die Sache seines Vaterlandes kämpften, und für sein Leben. Um diesen Tisch herum saß ein gut Teil von der anderen Sorte. Verdorben. verwöhnt und vollständig egoistisch, er wünschte, er könnte sie los sein.

Blundell richtete sich mühsam auf. »Wir werden zu den Damen hinübergehen, Gott helfe uns!«

Als Bolitho auf die verzierte französiche Uhr blickte, sah er, daß es fast Mitternacht war. Es schien unglaublich, daß die Zeit so schnell vergehen konnte. Aber trotz der späten Stunde gab es keine Pause. Ein kleines Streichorchester spielte eine schwungvolle Tanzweise und die Gäste drängten sich lachend auf die Musik zu.

Bolitho ging langsam durch die angrenzenden Räume und hielt nach Susannah Hardwicke Ausschau, wachsam spähte er auch nach seiner Tischdame aus.

Als er am Studierzimmer vorbeikam, sah er Blundell, der mit einer Gruppe von Männern sprach, die meisten sahen aus wie wohlhabende Zivilisten. Einer von ihnen, ein großer breitschultriger Mann, stand teilweise im Schatten, aber die Seite seines Gesichts, die im Kerzenlicht zu sehen war, verursachte Bolitho zuerst einen Schock, dann Mitleid. Sie war ganz ausgehöhlt, die Haut vom Haaransatz bis zum Kinn weggebrannt, so daß sie aussah wie eine groteske Maske. Er schien Bolithos Blicke auf sich zu fühlen und drehte ihm nach einem kurzen Aufschauen den Rücken, verbarg sich im Schatten.

Es war kein Wunder, daß er nicht mit den anderen am Abendessen teilgenommen hatte. Man konnte sich vorstellen, was für eine Pein ihm diese Entstellung bereitete, die Qual, die ihn so entstellt hatte.

»Hier sind Sie ja!« Sie kam aus einem anderen Raum und legte ihre Hand auf seinen Arm. »Bringen Sie mich in den Garten.« Sie gingen schweigend, und er fühlte ihr Kleid an seinen Beinen entlangschwingen, die Wärme ihres Körpers.

»Sie waren wunderbar, Kapitän.« Sie hielt inne und sah ihn an, ihre Augen leuchteten. »Diese arme Frau. Einen Augenblick lang dachte ich, Sie würden auf sie hereinfallen.«

»Oh, Sie haben es gesehen.« Bolitho fühlte sich unbehaglich.

»Ja.« Sie führte ihn in den Garten. »Ich habe sie weggeschickt.« Sie lachte, der Klang lief durch die Büsche wie ein Echo. »Ich kann ja nicht gestatten, daß sie sich bei *meinem* Kapitän einmischt, nicht wahr?«

»Hoffentlich waren Sie nicht zu streng mit ihr?«

»Nun, sie ist tatsächlich in Tränen ausgebrochen. Es war ziemlich pathetisch.«

Sie drehte sich in seinem Arm, ihr weites Kleid breitete sich hinter ihr wie blasses Gold aus.

»Ich muß Sie jetzt verlassen, Kapitän.«

»Aber... ich dachte, wir würden uns unterhalten?«

»Später.« Sie blickte ihn ernst an. »Ich habe Pläne für Ihre Zukunft, wie ich Ihnen schon sagte, nicht wahr?«

»Ich werde morgen Anker lichten.« Er fühlte sich unglücklich, hilflos.

»Das *weiß* ich doch, Sie Dummer!« Sie faßte nach oben und berührte seine Lippen. »Runzeln Sie nicht die Stirn. Ich kann es nicht erlauben. Wenn Sie zurückkommen, werde ich Sie mit einigen meiner Freunde bekannt machen. Sie werden es nicht bedauern.« Ihre behandschuhten Finger strichen sanft über seine Wange. »Und ich bin sicher, ich auch nicht.«

Ein Diener erschien im Halbschatten. »Der Wagen ist bereit, Missy.«

Sie nickte. Zu Bolitho sagte sie: »Wenn Sie gegangen sind, werde ich versuchen, diese langweiligen Leute aus dem Hause zu vertreiben.« Sie hob ihren Kopf und blickte ihn ruhig an. »Sie dürfen meine Schulter küssen, wenn Sie es wünschen.«

Ihre Haut war überraschend kühl und so weich wie ein Pfirsich. Sie riß sich von ihm los und rief: »Seien Sie brav, Kapitän, und passen Sie gut auf sich auf. Wenn Sie zurückkommen, werde ich hier sein.« Dann lachte sie und rannte leichtfüßig über die Terrasse ins Haus.

Die Kutsche wartete auf ihn, als er benommen durch den schattigen Garten zur Auffahrt ging. Sein Hut und Mantel lagen auf dem Sitz, und am Kutschkasten war eine große Holzkiste festgemacht.

Die Zähne des Dieners leuchteten weiß im Dämmerlicht. »Missy Susannah hat für Sie in der Küche etwas zu essen zusammenpacken lassen, Sir.« Er kicherte. »Nur das Allerbeste, hat sie gesagt.«

Bolitho kletterte in die Kutsche und sank in die Kissen zurück. Er konnte immer noch ihre Haut an seinem Mund fühlen, den Geruch ihres Haares riechen. Ein Mädchen, das einen Mann verrückt machen konnte, auch wenn er es nicht schon halbwegs war.

Am Ende des Piers fand er einen Ruderer, der an seinen Riemen eingenickt war, und er mußte einige Male rufen, bis er ihn bemerkte.

»Welches Schiff, Sir?«

»*Sparrow.*«

Nur den Namen auszusprechen half ihm schon, seine rasenden Gedanken zu beruhigen. Bevor er in den Kahn stieg, blickte er sich nochmals nach der Kutsche um, aber sie war schon verschwunden. Wie nur ein Teil eines Traumes.

Der Ruderer murmelte vor sich hin, als er die schwere Kiste die Treppen hinunterhievte. Nicht genug, um einen Schiffskapitän zu erzürnen, aber doch genug, um sein Fahrgeld zu erhöhen.

Bolitho wickelte sich in seinen Mantel und fühlte die kühle Seebrise auf seinem Gesicht. Noch immer West. Es würde gut sein, wieder wegzukommen. Wenn es auch nur wäre, um zu sich selbst zu finden und seine Hoffnungen für die Zukunft zu prüfen.

Auffallende Ähnlichkeit

D er Auftrag der *Sparrow*, die Stärke der französischen Flotte
in Newport herauszufinden, erwies sich schwieriger, als Bolitho erwartet hatte.

Die Fahrt von Sandy Hook zu den östlichen Ausläufern von Long
Island verlief reibungslos und versprach eine rasche Ausführung
des Auftrages und rasche Rückkehr. Aber das Wetter entschied
anders, und in einem wilden westlichen Sturm wurde die kleine
Korvette ständig hin- und hergeschleudert, so daß Bolitho lieber
mit dem Sturm segelte, als Schäden an Rahen und Leinwand zu
riskieren.

Auch als der Wind nachließ, dauerte es viele Tage, wieder zurück-
zusegeln, und es verging kaum eine Stunde ohne die Notwendigkeit, die Segel zu reffen oder das Schiff auf einen Kurs zu bringen,
der es eher von seinem Ziel entfernte, anstatt es ihm näher zu
bringen.

Die Vergnügungen von New York schienen lange her zu sein,
und Bolitho fand, daß die Wirklichkeit, sein Schiff gegen Wind
und See zu führen, mehr als genügte, um seine Energie zu be-
schäftigen. Trotzdem fand er noch viel Zeit, an Susannah Hardwicke zu denken. Wenn er mit im Wind flatterndem Haar über
Deck schritt, oft war sein Hemd von Gischt durchweicht, erinnerte er sich an ihren Abschied, die Andeutung einer Umarmung,
genauso klar, als ob es sich soeben ereignet hätte.

Er nahm an, daß seine Offiziere wußten oder errieten, was sich
in New York ereignet hatte, einfach weil sie sorgfältig schwie-
gen.

Die Plackerei, gegen den Wind zu kämpfen und die ständigen
Anforderungen an jeden Mann an Bord wurden teilweise durch
die Gegenwart ihres Passagiers erleichtert. Getreu seinem Wort

war Rupert Majendie kurz vor dem Ankerlichten samt seinen Mal- und Zeichenutensilien an Bord erschienen, und mit einem Repertoire an Geschichten, das seinen Unterhalt an Bord mehr als wert war. Wenn See und Wind sich etwas beruhigten, konnte man ihn mit seinem Zeichenblock sehen, wie er die Seeleute bei ihrer täglichen Arbeit skizzierte oder in ihrer Freiwache, wenn sie tanzten, kleine Modelle oder andere Schnitzereien machten. War das Wetter weniger freundlich, so verschwand er unter Deck und fand beim Licht einer schwankenden Laterne neue Arbeit für seine geschäftigen Hände mit Pinsel und Bleistift. Er und Dalkeith waren gute Freunde geworden, was kaum verwunderlich war. Jeder von ihnen kam aus einer anderen Sphäre von Kultur und großer Intelligenz, und sie konnten viel mehr bereden als der normale Seemann.

Nach drei langen Wochen, und jeder Tag machte seine Enttäuschung größer, beschloß Bolitho nicht mehr länger zu warten. Er rief Tyrell in die Kajüte und rollte seine Seekarte auf.

»Wir werden morgen bei Tagesanbruch zur Küste hinübersegeln, Jethro. Der Wind ist noch immer stark, aber ich sehe keine andere Möglichkeit.«

Tyrell ließ seine Augen über die Karte wandern. Die Anfahrt nach Rhode Island war bei anhaltendem westlichem Wind immer ein Problem. Mitten in einen Sturm zu geraten, konnte erneutes Abdriften nach Osten bedeuten, und wenn sie einmal in den Klammern des Festlandes und Newports selbst waren, dann blieb wenig Raum für Manöver. Unter normalen Umständen erforderte es Geduld und Verständnis. Da aber die Franzosen die Kontrolle über das Gebiet hatten, war es etwas vollständig anderes.

Als ob er seine Gedanken lesen könnte, sagte Bolitho ruhig: »Ich möchte natürlich nicht an der Leeküste erwischt werden. Wenn wir aber hier draußen auf offener See bleiben, dann können wir genausogut zugeben, daß unsere Mission ein Fehlschlag war.«

»Aye.« Tyrell streckte sich. »Ich bezweifle sowieso, daß die Franzosen viele Schiffe haben. Sie verlassen sich auf ihre Batterien, um sich zu verteidigen.«

Bolitho lächelte, ein Teil der Spannung wich aus seinem Gesicht. »Gut. Geben Sie die Befehle. Ich möchte, daß morgen die allerbesten Leute auf Ausguck sind.«

Aber entsprechend Buckles düsterer Vorahnung war der nächste

Morgen so etwas wie eine Enttäuschung. Der Himmel war bewölkt und der Wind, der die Topsegel trotz ihrer Trimmung wild flattern und krachen ließ, zeigte den nahen Regen an. Und doch war die Luft schwül und drückend, so daß sie die Toppsgasten störte, als sie zum Kurswechsel auf ihre Stationen gingen. Der willkommene Aufenthalt im Hafen, gefolgt von der nervösen Unsicherheit, von der Laune des Windes hierhin und dorthin geworfen zu werden, dies alles forderte seinen Tribut. Viele Flüche wurden laut und die Bootsmannsmaaten mußten einige Schläge austeilen, ehe sich die *Sparrow* auf Backbordkurs legte, ihr Bugspriet zeigte wieder einmal auf die Küste zu.

Ein grauer Tag. Bolitho griff in die Luvwanten und wischte sich die Stirn mit dem Hemdsärmel ab. Seine Haut und seine Kleider waren tropfnaß, sowohl von Schweiß als auch von fliegender Gischt.

Nur Majendie schien es zufrieden zu sein, an Deck zu bleiben, sein Bleistift fuhr geschäftig über das Papier, sein dünner Körper und der vorstehende Bart tropften vor Feuchtigkeit.

»Land ahoi! Genau in Luv!«

Bolitho versuchte, seine Befriedigung und Erleichterung nicht zu zeigen. Bei der schlechten Sicht und dem starken Wind konnte man sich nicht zu sehr auf Berechnungen verlassen. Er schaute zum Großmastwimpel hinauf. Der Wind war etwas stärker geworden. Er starrte zum Wimpel hinauf, bis seine Augen tränten. Kein Zweifel. Gut für eine stetige Annäherung. Nicht so beruhigend, wenn man umdrehen und schnell weg müßte. »Gehen Sie einen Strich höher, Mr. Buckle.«

»Aye, aye, Sir.«

Buckle wischte sich das Gesicht mit einem Taschentuch ab, ehe er seine Befehle weitergab. Er würde sich wohl über die Schwierigkeiten im klaren sein, dachte Bolitho. Es würde zu nichts führen, ihn noch weiter zu beunruhigen.

Zu Majendie sagte er: »Ich hoffe, Sie bringen alles zu Papier. Sie werden ein Vermögen machen, wenn Sie nach England zurückkehren.«

Buckle schrie: »Nord-Nordost, Sir! Kurs liegt an!«

»Sehr gut. Kurs halten.«

Bolitho ging ein paar Schritte und dachte an das Mädchen in New York. Was würde sie jetzt von ihm denken? Zerknittert und durchnäßt bis auf die Haut, sein Hemd mehr Flicken als Stoff. Er lächelte vor sich hin und bemerkte Majendies Bleistift nicht, der seine Stimmung festhielt.

Tyrell hinkte auf Deck und kam zu ihm an die Wanten. »Ich schätze, daß Newport ungefähr fünf Meilen steuerbord voraus liegt.« Er blickte erstaunt auf, als ein Strahl wäßrigen Sonnenlichts wie ein Laternenstrahl auf dem Rumpf spielte. »Teufel, in diesen Gewässern weiß man nie, woran man ist.«

»Wahrschau an Deck! Vor Anker liegende Schiffe in Nordost!« Tyrell rieb sich die Hände. »Vielleicht stellen die Franzosen einen Konvoi zusammen. Unsere Schwadron wird sie schnappen, wenn wir es schnell genug melden.«

Der Ausguck schrie wieder: »Sechs, nein acht Linienschiffe, Sir!« Graves stolperte von der Reling, als die *Sparrow* plötzlich in ein tiefes Wellental schlingerte.

»Der Mann ist verrückt!« Er spuckte, als Gischt wie Hagel über die Wanten hereinbrach und sich über ihn ergoß. »Höchstens ein paar Fregatten, wenn Sie mich fragen!«

Bolitho versuchte, das Gemurmel von Spekulation und Zweifel um sich herum zu ignorieren. Es war wohlbekannt, daß de Grasse eine mächtige Flotte in den West Indies hatte. Sein Untergebener, de Barras, war Kommandeur in Newport, hatte aber keine solche Flottenstärke. Seine Stärke lag in Fregatten und kleineren Schiffen und in schnellen Ausfällen gegen den englischen Küstenhandel. De Barras hatte einen Versuch gemacht, die New Yorker Streitkräfte vor Cape Henry anzugreifen, aber die Aktion war erfolglos gewesen. Er war auf seine Verteidigungslinien zurückgegangen und dort geblieben.

Er sagte: »Hinauf mit Ihnen, Mr. Graves. Sagen Sie mir, was Sie sehen!«

Graves eilte zu den Wanten und murmelte: »Dieser Verrückte. Es können keine Linienschiffe sein. Unmöglich.«

Bolitho starrte ihm nach. Graves benahm sich sehr seltsam. Es war, als ob er sich vor dem fürchtete, was er entdecken könnte. Furcht? Nein. Das schien unwahrscheinlich. Er war lang genug an Bord, um die Risiken und Belohnungen des Spiels zu kennen.

»Wahrschau an Deck!« Es war ein anderer Seemann, der hoch über der Besaurah hing. »Segel backbord«!

»Verdammt!« Tyrell griff schnell nach einem Fernrohr und hastete damit zur Heckreling.

Dunst und Gischt, die Entfernung durch die trunkene Bewegung der *Sparrow* noch schlimmer gemacht — es dauerte einige Zeit, den Neuankömmling zu finden.

Tyrell sagte hastig: »Fregatte, kein Zweifel, Sir.«

Bolitho nickte. Das andere Schiff hielt sich nahe an der Küste, kam gerade um die hervorstehende Landzunge, jedes verfügbare Segel in den Wind gesetzt.

Buckle klatschte in die Hände. »Klar zum Wenden!«

»Nein!« Bolithos Stimme machte den Steuermann reglos. »Wir sind so weit gekommen. Wir wollen sehen, was es zu sehen gibt, und dann wenden.«

Graves sprang mit einem Ruck von den Wanten an Deck, sein Hemd war vom schnellen Abstieg zerrissen.

Er sagte atemlos: »Er hatte recht, Sir. Acht Linienschiffe. Vielleicht zwei Fregatten, und ein ganzer Schwarm von Versorgungsschiffen ganz in der Nähe verankert.«

Bolitho dachte an sein Gespräch mit Farr in Sandy Hook, seine eigene Reaktion, als er die englischen Zweidecker in der Nähe sah. Sie warten, hatte er gedacht, aber auf was? Machten es die Franzosen etwa ebenso?

Tyrell sagte: »Es können keine von de Grasse's Schiffen sein, Sir. Unsere Patrouillen, auch wenn sie blind gewesen wären, hätten sie gesehen.«

Bolitho begegnete seinem Blick. »Ich glaube auch. Es ist eine Versammlung zu irgendeinem Zweck. Wir müssen sofort den Admiral benachrichtigen.«

Buckle rief: »Die Fregatte holt schnell auf, Sir. Meiner Meinung nach nur noch drei Meilen.«

Bolitho nickte. »Sehr gut, heißen Sie die französische Flagge, und bereiten Sie zum Wenden vor.«

Die Flagge wurde langsam an der Gaffel hochgezogen und von einem sofortigen Kanonenschuß aus dem Vorschiff der Fregatte begrüßt.

Bolitho lächelte grimmig. »Sie läßt sich nicht täuschen. Heißen Sie bitte unsere eigene Flagge.«

Buckle kam zu Bolitho herüber, sein Gesicht vor Kummer verzogen.

»Ich glaube, wir sollten über Stag gehen, Sir. Der Franzose wird hier sein, ehe wir uns versehen.«

Bolitho schüttelte den Kopf. »Wir würden zuviel Zeit verlieren. Die Fregatte könnte uns den ganzen Weg nach Nantucket jagen oder uns auf Grund laufen lassen.« Er drehte sich zu Graves um. »Lassen Sie die Buggeschütze klarmachen. Laden, aber nicht ausrennen.« Er faßte ihn am Unterarm, da er sah, wie alarmiert er blickte. »Los, Mann! Sonst ist der Franzose zum Grog an Bord!«

Männer trampelten wild auf ihre Stationen, einige verhielten, um über die Wanten nach dem anderen Schiff auszuschauen, das absichtsvoll auf Backbord zuhielt. Es war jetzt schon viel näher, aber in der aufsprühenden Gischt konnte man seinen Bug kaum erkennen. Nur die geblähten Großsegel und Topsegel ließen erkennen, daß sein Kapitän auf eine Schlacht brannte. »Fertig!« Bolitho stemmte die Hände in die Hüften, als er zu dem schlagenden Stander hinaufsah. »Klar am Achterdeck!«

»Ruder legen!« Er fühlte, wie das Deck unter ihm bockte, und überlegte sich, wie die *Sparrow* wohl dem Feind vorkommen würde. Lief sie weg oder machte sie sich zum Gefecht fertig?

Er wurde fast zu Boden gerissen, als sich das Schiff durch die Gewalt der Segel und des Ruders noch weiter auf die Seite legte.

»Ruder ist gelegt, Sir!« Buckle warf seine ganzes Gewicht mit in das Steuerrad.

Die Marssegel flatterten wie verrückt geworden, die Rahen beugten sich im Widerstreit zwischen den Brassen und der geblähten Leinwand, es war ein Bild der Verwirrung, als die *Sparrow* sich träge in den Wind auf die Seite legte. Die See brauste über die Back. Männer fielen fluchend und strampelnd um, einige wurden sogar wie Leichen in die Geschützdeckspeigatten hinuntergewaschen.

Majendie klammerte sich an die Wanten, sein Block war schon ganz von Gischt durchtränkt, seine Augen starrten fasziniert auf das wilde Wendemanöver der Korvette durch den Wind.

Über dem Hexenkessel erhob sich Tyrells Stimme wie eine Trompete. »An die Brassen! Hievt! Bootsmann, heute werden wir's ihnen zeigen!«

Bolitho versuchte, der Qual seines Schiffes nicht zuzuschauen, sondern konzentrierte sich statt dessen auf die Fregatte. Als die *Sparrow* herumschwang und auf ihrem neuen Kurs das Wasser pflügte, die nassen Segel drückten sie hinunter, daß die Laufplanken in Lee überspült wurden, sah er die Topmasten des Feindes plötzlich an Steuerbord auftauchen. Kaum eine Meile Zwischenraum, aber die Wende hatte den gewünschten Erfolg gehabt. Anstatt in aller Ruhe auf der Steuerbordseite der *Sparrow* näherzukommen, lag sie nun über dem entgegengesetzten Bug und auf einem gefährlich konvergierenden Kurs.

»Steuerbordgeschütz!« Bolitho mußte seinen Befehl wiederholen ehe der junge Fowler ihn hörte und nach vorne hastete um Graves zu finden.

Er schrie Tyrell zu: »Wir müssen sie glauben machen, daß wir kämpfen wollen!«

Von vorne hörte er schwach das Quietschen der Taljen, als die Geschützmannschaft den Zweiunddreißigpfünder zu seiner Pforte holte. Es würde nicht leicht für sie sein. Da das Schiff sehr krängte, würde es genauso sein, wie es bergan zu ziehen.

»Feuer!«

Der Rauch schwebte über dem Vorschiff, als das Buggeschütz seine Drohung an den Feind hinausbrüllte.

Niemand hörte einen Aufschlag, und bei einem solchen Winkel war wahrscheinlich, daß die Kugel über das Schiff hinausgeflogen war.

Bolitho fühlte, wie sich seine Kiefer zu einem Grinsen verzogen. Die feindliche Fock wurde eingeholt, die Bramsegel verschwanden wie durch Geisterhand, als sie die Segel refften, um mit der vorwitzigen *Sparrow* zu kämpfen.

»Feuer!«

Das Geschütz spie die schwere Kugel in die Verwirrung von See und treibenden Schaum.

Bolitho blickte Buckle an. »Feuer einstellen!« Er ging hinüber zur Reling und berührte Tyrells Arm. »Lassen Sie das Focksegel setzen! Toppsgasten aufentern und die Topsegel losmachen! Wir müssen jetzt klug handeln!«

Als das große Focksegel schlug und sich dann im Wind blähte, fühlte Bolitho, wie der Rumpf sich darauf einstellte und dem Druck standhielt. Genau über dem Deck waren die Toppsgasten damit beschäftigt, die Bramsegel loszumachen, so daß der Großmast, als er hinaufspähte, aussah wie ein im Sturm gebeugter Baum.

Als er sich wieder zu der französischen Fregatte umdrehte, sah er, daß sein Plan gut gelungen war. Sie versuchte, ihr Focksegel wieder zu setzen, aber die Unterbrechung, ihre Breitseite zu zeigen, war sie teuer zu stehen gekommen. Sie pflügte ungefähr drei Kabellängen entfernt achtern der *Sparrow* durch die See.

Zu dem Zeitpunkt, an dem sie wieder Kontrolle über ihre Segel und den Kurs haben würde, war sie dann weit abgefallen. *Sparrows* plötzliches Manöver hatte ihr außerdem einen Windnachteil gebracht.

Die Breitseite der Fregatte spuckte eine Reihe Blitze aus. Kugeln schlugen in der Nähe in die See ein, obwohl es wegen der starken Schaumkronen schwierig war, Kugeln von Gischt zu unterscheiden.

Weiter oben zischte eine Kugel zwischen die Masten, und ein Seemann fiel vom Großmast, schlug längsseits ins Wasser, ohne wieder hochzukommen, bis er ganz weit entfernt war.

Majendie sagte heiser: »Der arme Kerl! Gott sei seiner Seele gnädig!«

Bolitho nickte. »Aye. Das war Pech.«

Er starrte das Geschützdeck entlang, wo seine Männer wie die Teufel arbeiteten, um die Rahen wieder zu trimmen und die Fallen zu sichern, die vom Dunst ganz verzogen waren. Kaum einer von ihnen hatte aufgesehen, als der Mann fiel. Vielleicht würden sie später trauern. Aber vielleicht waren sie auch wie er dankbar, daß die *Sparrow* auf ihre Anstrengungen reagiert hatte, nicht widerstanden hatte, als sie sie an den Wind brachten und dadurch riskierten, daß sie entmastet wurde und so verstümmelt als leichte Beute vor den Geschützen des Feindes lag.

»Steuern Sie genau Süd, Mr. Buckle. Wir wollen erst etwas freien Raum gewinnen, bevor wir versuchen über Stag zu gehen.«

Buckle blickte zurück. Die Fregatte holte auf, aber ihrem ursprünglichen Angriff war die Spitze genommen.

»Da fährt er, Gott lasse ihn verfaulen!« Buckle grinste seinen Rudergängern zu. »Er hat wohl gedacht, wir ergeben uns kampflos?«

Majendie beobachtete Bolitho's angestrengtes Gesicht. »Viele würden es getan haben, Kapitän. Sogar ich, eine Landratte, weiß, daß Sie in der viel schlechteren Position waren.«

Bolitho zwang sich zu einem Lächeln. »Aber wir haben *nicht* gekämpft, mein Freund.« Er schaute kurz zurück. »*Diesmal* nicht.«

Er verscheuchte das Bild des stürzenden Toppsgasten aus seinem Gedanken. Hoffentlich war er sofort tot gewesen.

Zu sehen, wie sein Schiff ohne ihn weitersegelte, mußte seine letzten Augenblicke auf dieser Welt zu einer noch größeren Qual machen als der Tod selbst.

»Holen Sie jetzt Mr. Graves und die Ausguckleute. Wir werden alle unsere Informationen zusammentragen.« Er packte Majendies Arm, als ein Ruck beim Eintauchen in ein großes Wellental ihn fast die Achterdecksleiter hinuntergeschleudert hätte. »Ruhig bleiben! Ich möchte, daß Sie für den Admiral ein paar Zeichnungen machen. Dies scheint zur Zeit modern zu sein.«

Als er schließlich mit dem Kurs und der Trimmung der *Sparrow* zufrieden war, ging er nach hinten und hielt nach dem Land Ausschau. Aber es war nichts zu sehen, und er nahm an, daß Regen das Festland und die Fregatte verbarg, die sie fast in einer Falle gefangen hätte.

Er streifte sein Hemd ab und rieb sich Nacken und Brust damit ab. Majendie beobachtete ihn und äugte traurig auf seinen durchweichten Block. Dies, dachte er, wäre die beste Skizze von allen geworden.

*

Bolitho las sorgfältig seinen vorbereiteten Bericht durch und steckte ihn dann in einen Umschlag. Stockdale stand neben dem Tisch mit einer Kerze und Wachs zum Siegeln, nun da es nichts mehr hinzuzufügen gab.

Bolitho lehnte sich zurück und streckte die Arme. Zwei ganze Tage lang hatten sie sich südwestlich gekämpft, hatten das Land aus der Sicht verloren und waren nur darauf aus gewesen, den Wind auszunützen. Sie kreuzten stundenlang vor und zurück, nur um in Wirklichkeit ein paar Meilen vorwärtszukommen. Es war für alle harte Arbeit gewesen, aber jetzt, als der Wind doch stärker geworden war, konnte die *Sparrow* Kurs auf das Festland nehmen. Wenn sie Glück hatten, konnten sie morgen in Sandy Hook vor Anker gehen. Er schaute auf das offene Logbuch und lächelte. Es war ernüchternd, sich klarzumachen, daß er in der Zeit, die er gebraucht hatte, um nach Newport zu kommen, gegen das schlechte Wetter zu kämpfen und wieder nach Sandy Hook auf diese entnervende und verzögernde Weise zurückzukehren,

sein Schiff hätte über den Atlantik segeln können nach Falmouth,
und es wären sogar noch einige Tage übriggeblieben.
»Soll ich jetzt versiegeln, Sir?« Stockdale betrachtete ihn ge-
duldig.
»Ich denke schon.«
Er schloß seine Augen und rief sich die Aussagen ins Gedächtnis
zurück, die er von Graves und den Toppsgasten erhalten hatte. Sie
unterschieden sich in kleinen Einzelheiten, aber eines war klar: es
war mehr als wahrscheinlich, daß ein Angriff der Franzosen und
Amerikaner auf New York zu erwarten war, und das bald. Die
Tatsache, daß das schlechte Wetter seine rasche Rückkehr ver-
zögert hatte, befriedigte ihn, da es den Feind ebenso behindern
würde.
»Wahrschau an Deck! Segel voraus!«
Bolitho stieß Stockdales Kerze beiseite. »Später.« Dann eilte er
aus der Kajüte hinaus.
Da die *Sparrow* den Wind ausnützen mußte, waren sie zu weit
nach Südwest abgetrieben worden. Jetzt, da der Wind endlich
günstig war, zeigte der Kompaß Nordwest zu Nord, Sandy Hook
lag ungefähr neunzig Meilen voraus. Der Nachmittag war heiß
aber klar, und sogar vom Deck aus konnte man die kleine Lein-
wandpyramide sehen, die anzeigte, daß das andere Schiff auf
einem konvergierenden Kurs war.
»Gehen Sie einen Strich höher. Kurs Nordwest.«
Er nahm ein Fernrohr von Bethune und fixierte es oberhalb der
Wanten.
Der Ausguck rief: »Brigantine, Sir.«
Er blickte Tyrell an. »Wahrscheinlich eine der unseren.«
Es war das erste Segel, das sie sichteten, seitdem sie mit knapper
Not einem Gefecht mit der französischen Fregatte entkommen
waren. Es war immer gut, ein befreundetes Schiff zu treffen, und
er würde einige seiner Neuigkeiten weitergeben, für den Fall, daß
das Schiff nach Norden fuhr und sonst zu nahe an die feindliche
Schwadron in Newport herankäme.
Da der Wind stark blies, dauerte es nicht lange, bis sich die beiden
Schiffe einander genähert hatten.
»Sie haben vor, an Luv vorbeizusegeln.« Bolitho hob sein Fern-
glas wieder.
Brigantinen waren unordentlich aussehende Schiffe. Am Fockmast

quadratisch getakelt und mit den ganzen Segeln eines Schoners am Hauptmast machten sie ein schlechtes Bild, es war jedoch bekannt, daß sie unter guten Bedingungen sogar eine Fregatte ausstechen konnten.

»Signalisieren Sie, daß sie beidrehen soll. Ich möchte mit ihrem Kommandant sprechen.«

Tyrell sagte: »Auf jeden Fall ist es ein englisches Schiff. Kein Zweifel.«

Flaggen wurden an den Rahen des Neuankömmlings geheißt und flatterten im Wind.

Bethune schrie: »Es ist die *Five sisters*, Sir!« Er suchte in seinem Buch herum, während Fowler etwas abseits stand, den Mund geringschätzig verzogen. »Sie ist hier als unter dem Befehl des Gouverneurs von New York geführt.«

»Dacht' ich's mir doch!« Tyrell runzelte die Stirn. »Ihrem eigenen Gesetz unterworfen und von einer Rotte richtiger Schurken bemannt, das kann ich Euch sagen.« Er seufzte. »Doch mit einem solchen Oberbefehl können sie nicht gepreßt werden und riskieren nicht ihr kostbares Leben.«

Die Brigantine hatte die Back der *Sparrow* gekreuzt und lief nun auf einem stetigen Backbordkurs. Bolitho konnte die rotgoldene Flagge auf ihrem Vorschiff erkennen, alles hatte den Anschein der schmucken Ordnung, die man gewöhnlich auf den von der Regierung geförderten Schiffen fand. Sie kam näher heran, bald würde sie in weniger als einer Kabellänge Entfernung vorbeifahren.

Bolitho sah Majendie und Dalkeith bei den Wanten. Der erstere zeichnete in großer Eile, während ihm der Arzt mit sichtlichem Interesse über die Schulter schaute.

»Sie dreht bei, Sir.«

Die Brigantine schoß in den Wind, die Segel knatterten am Mast und das Großsegel, um das sich die Seeleute kümmerten, wurde immer kleiner.

Bolitho nickte anerkennend. Gut gemacht.

»Anluven, Mr. Tyrell. Ich werde sie anrufen, wenn sie in Lee vorbeikommt.«

Das Knattern und Ächzen der flappenden Leinwand machte jede Art der Unterhaltung schwierig, denn als die *Sparrow* mehr in den Wind drehte und nur noch vorwärtszukriechen schien, ging

Bolithos Stimme fast in den Geräuschen der Segel und Wanten unter.

Er nahm das Sprachrohr in beide Hände und brüllte: »Wohin des Weges?«

Über die kurzen Wellenkämme kam die Antwort. »Montenegro Bay! Jamaica!«

Tyrell bemerkte. »Meiner Meinung nach etwas vom Kurs abgekommen.«

Die Stimme drang erneut herüber. »Wir wurden gestern von einer spanischen Fregatte gejagt. Wir sind ihr während der Nacht entwischt, aber Sie können für mich Meldung erstatten.«

Die Brigantine fiel vom Wind ab und ihre unruhig sich bewegenden Rahen machten deutlich, daß ihr Kommandant darauf brannte, seinen Weg fortzusetzen.

Bolitho ließ das Sprachrohr sinken. Es gab keinen Grund, sie noch länger aufzuhalten. Und die Behörden in New York würden ihm eine solche Handlungsweise wahrhaftig auch nicht verdenken. Es war merkwürdig, sich klarzumachen, daß sie wahrscheinlich unter dem Befehl von Leuten wie Blundell stand, der nichts von der See wußte und sich noch weniger darum kümmerte.

Er hörte Dalkeiths Gemurmel. »Bei Gott, das Gesicht des Kapitäns! Ich habe noch nie so grausame Verbrennungen gesehen, daß ein Mensch so was überhaupt überleben kann!«

Bolitho sagte scharf: »Geben Sie mir das Glas!« Er nahm es dem erstaunten Schiffsarzt weg und richtete es auf das Vorschiff des anderen.

Durch die schwarze Takelage und die lose flappenden Segel sah er ihn. Trotz der Hitze war sein Mantelkragen bis an die Ohren hinaufgeschlagen und sein Hut war bis fast in die Augen hereingezogen. Es wurde Bolitho klar, daß der Kapitän der Brigantine nicht nur die eine Hälfte seines Gesichts verloren hatte, sondern auch ein Auge, und daß er seinen Kopf in einem ganz unnatürlich steifen Winkel hielt, um mit dem verbleibenden die Korvette zu betrachten.

Die Brigantine hatte also etwas mit Blundell zu tun. Er konnte sich noch gut vorstellen, wie sie in der Bibliothek geflüstert hatten, das entstellte Gesicht halb im Schatten verborgen.

Buckle rief besorgt. »Erlauben Sie, daß wir das Schiff klar zur Weiterfahrt machen, Sir? Wir sind etwas zu nahe.«

»Sehr gut.«

Bolitho winkte den Männern auf dem Deck der Brigantine zu und drehte sich wieder zu Majendie um. Er hing an der Reling, zeichnete und schattierte, verbesserte hier und fügte dort noch ein Detail hinzu, sogar als die *Five sisters* schon wieder ihr Focksegel gesetzt hatte und langsam wegzusegeln begann.

Dalkeith grinste. »Nicht schlecht, Rupert! Ich glaube sicher, daß einige unserer Männer dir bei den Einzelheiten der Takelage helfen werden!«

Tyrell hinkte zu ihm hinüber und spähte ihm über die schmale Schulter. Er ergriff den Block und rief aus: »Heiliger Gott, wenn ich nicht ganz genau wüßte...«

Bolitho ging zu ihm hinüber. Es war das Bild des Vorschiffs der Brigantine, die Offiziere und Seeleute waren in natürlichen Haltungen dargestellt, wenn auch, wie Dalkeith angedeutet hatte, die Details der Takelage nicht ganz perfekt waren.

Es lief ihm kalt über den Rücken, als er Majendies Zeichnung vom Kapitän des Schiffes sah. Die Entfernung und der Maßstab hatten die schrecklichen Wunden verwischt, so daß er wie eine Figur aus der Vergangenheit dastand. Er blickte Tyrell an, der ihm immer noch ins Gesicht schaute.

Tyrell sagte ruhig. »Erinnern Sie sich, Sir? Sie waren zu beschäftigt, zu kämpfen und mich vor Angriffen zu bewahren.« Er drehte sich um und starrte auf das andere Schiff. »Aber nachdem ich die Kugel in den Schenkel bekam, hatte ich wirklich genug Zeit, mir *diesen* Dreckskerl anzusehen.«

Bolitho schluckte trocken. Ganz klar stand ihm die Wildheit und der Haß der Schlacht vor Augen, als ob es gestern gewesen wäre. Die Männer der *Sparrow*, die niedergestochen und von den Decks der *Bonaventure* vertrieben wurden. Und der Kapitän des Freibeuters, der wie ein unbeteiligter Zuschauer dabeistand und ihn aufforderte, sich zu ergeben.

Er sagte scharf: »Ruder steuerbord! Toppsgasten aufentern und die Bramsegel setzen!«

Zu Majendie gewandt setzte er hinzu: »Ich glaube, daß wir dank Ihnen heute ein Geheimnis lüften werden.«

In dem Augenblick, als die *Sparrow* ihre Absicht zeigte, und sogar als die Royalsegel von den Rahen flatterten, setzte die Brigantine auch mehr Segel und machte sich davon.

112

»Klar zum Gefecht, Sir?«

»Nein.«

Er beobachtete, wie der Klüverbaum herumschwang, bis er genau an der Back der Brigantine lag wie eine Brücke. Sie hatte zwei Kabellängen Vorsprung, und es sah nicht so aus, als ob sie diesen Vorsprung verlieren würde.

»Es muß schnell gehen. Wir gehen längsseits und entern. Sagen Sie Mr. Graves, er soll einen Schuß aus dem Backbordbuggeschütz abgeben. Vorwärts jetzt!«

Buckle sagte grimmig: »Wir überholen sie, Sir.« Bolitho nickte. Tyrell verstand was vorging, aber bis jetzt hatte niemand auch nur eine angedeutete Überraschung über seine Handlungsweise gezeigt. Allem Anschein nach jagte er ein Regierungsschiff, mit dem er noch Minuten vorher munter geplaudert hatte.

Bäng. Die schwarze Mündung des Buggeschützes zuckte in seinen Taljen nach hinten, und Bolitho sah die Wasserfontäne eine Bootslänge von der Seite der Brigantine entfernt aufspritzen.

»Jetzt hat sie die Segel gerefft!« Buckle schien zufrieden. »Bitten Sie Mr. Graves, daß er eine Entermannschaft zusammenstellt!«

Bolitho beobachtete genau, wie das andere Schiff in einer Reihe von tiefen Wellentälern zu gieren begann. »Mr. Heyward, übernehmen Sie das Kommando über das Geschützdeck! Mr. Bethune, begleiten Sie den Zweiten Leutnant!«

Männer eilten zur Backbordreling mit gezogenen Entermessern, einige trugen Musketen über den Köpfen, um zu vermeiden, daß sie versehentlich auf ihre Kameraden schossen.

»Ruhig, Mr. Buckle.« Bolitho streckte seine Hand aus und schaute in die Rahen hinauf. Die Segel verschwanden blitzschnell, und als das Fockgroßsegel knatternd und schlagend an seiner Rahe aufgezogen wurde, sah er die Brigantine am Backbordbug vorbeifahren, als ob die beiden Schiffe an Trossen aufeinander zugezogen würden. »Vorwärts!«

Entlang der Reling schwangen die ausgesuchten Männer ihre Enterhaken, während andere vorwärtseilten, um den ersten Aufprall abzufangen.

Über den geringer werdenden Abstand hinweg hörte Bolitho: »Wegbleiben! Ich befehle Ihnen, Ihre Leute zurückzuholen! Ich werde Ihnen das Gesetz auf den Hals hetzen!«

Bolitho fühlte, wie seine Spannung sich löste. Wenn er noch geheime Zweifel gehegt hatte, waren sie nun ausgeräumt. Diese Stimme war nicht zu verwechseln. Zu viele der Männer der *Sparrow* waren an jenem Tage an Bord der *Bonaventure* gestorben, als daß er diese Stimme jemals vergessen könnte.

Er hob sein Sprachrohr. »Nehmen Sie Ihre Segel weg und legen Sie bei — *sofort!*«

Er hörte das Rumpeln und konnte sich gut vorstellen, daß auch die Mannschaft der Brigantine sehen mußte, wie der große Zweiunddreißigpfünder wieder ausgerannt wurde.

Langsam, aber sehr gekonnt, drehten die beiden Schiffe bei, sie machten in dem unruhigen Wasser fast keine Fahrt, ihre Mannschaften nahmen Segel weg und trimmten die Rahen in Übereinstimmung mit den Veränderungen am Steuer. Alles wurde perfekt ausgeführt, und mit wenig mehr als einem Zittern legte sich die *Sparrow* an den Rumpf der Brigantine und schob sich vor, bis ihr Bugspriet in Höhe mit deren Fockmast zur Ruhe kam. Enterhaken flogen von der Reling, und Bolitho sah, wie Graves seine Männer vorwärtsschickte, und wie Bethune sich aus den Fockwanten schwang, sein Dolch schien für einen so schweren Fähnrich viel zu klein zu sein.

Tyrell ließ seine Hände auf der Reling ruhen und sagte: »Sie haben auch noch eine Deckladung dabei.« Er zeigte auf einen Leinwandhaufen unterhalb des Vorschiffes. »Sicher Beute für den Steuermann!«

Gerade als er zu sprechen aufhörte und als der Erste Leutnant absprang und auf dem Schanzkleid der Brigantine aufkam, zeigte sich die Natur dieser Decksladung. Hände zerrten die Leinwand weg und deckten einen stämmigen Zwölfpfünder auf, der in der Mitte des Decks getakelt war und mit Taljen und Ringbolzen bewegt werden konnte.

Das Krachen der Explosion ertönte gleichzeitig mit dem Zischen der Kartätschen, als diese mit mörderischem Druck entlang der Reling der *Sparrow* einschlugen. Männer und Fleischstücke flogen in blutiger Verwirrung, und in der rollenden Wolke braunen Rauches sah Bolitho, daß einige von ihnen auf die gegenüberliegende Seite des Decks geschleudert wurden.

Dann folgte das Geschrei, und er sah, wie vom Vorschiff und Hauptluk der Brigantine ungefähr fünfzig Mann zum Angriff übergingen.

114

Er griff nach seinem Säbel, mußte aber feststellen, daß er ihn in der Kajüte vergessen hatte. Überall schrien und kreischten Männer durcheinander, und über allem ertönte das anwachsende Geräusch von Stahl auf Stahl, das Krachen und Zischen des Musketenfeuers.

Ein Seemann fiel förmlich aus den Wanten und schlug vor Tyrell gegen die Reling. Sein Fuß knickte unter ihm ein und sein Gesicht verzog sich vor Schmerzen.

Bolitho schrie: »Übernehmen Sie das Kommando, Mr. Buckle!« Er schnappte sich ein Entermesser aus dem Gürtel des toten Seemannes und rannte zum Niedergang. Seine Augen tränten im Rauch, und er fühlte einige Kugeln ganz dicht vorüberpfeifen, eine davon durchtrennte die Wanten wie ein unsichtbares Messer. Die Brigantine hatte gegen die Kanonen der *Sparrow* keine Chance. Wenn sie aber so wie jetzt mit Enterhaken aneinandergekettet waren, konnte sich der Kampf leicht gegen sie wenden. Er hatte das schon selbst gemacht und kannte die Risiken.

Er sprang entschlossen in die Hauptwanten und sah dann mit Erstaunen, daß Graves noch immer unter ihm auf dem Geschützdeck war. Er schrie seinen Männern zu, schien aber außerstande, ihnen zu folgen. Von Bethune war nichts zu sehen, und er stellte fest, daß Heyward nach vorne gegangen war, um eine Rotte Enterer abzufangen, die versuchten, über den Bugspriet zu klettern.

Er rutschte aus, fiel fast zwischen die Schiffsrümpfe, dann war er mit einem Sprung auf dem Deck der Brigantine. Eine Pistole explodierte neben seinem Gesicht, blendete ihn fast, aber er holte mit dem schweren Entermesser aus, fühlte einen kurzen Aufprall und hörte jemand schreien.

»Das Achterdeck!« Er bahnte sich seinen Weg durch einige seiner Männer und sah Bethune, der eine Muskete wie eine Keule schwang, sein Haar wehte im Wind, als er versuchte, was von seiner Entermannschaft noch vorhanden war zu sammeln. »Nehmt das Achterdeck, Leute!«

Jemand brach in einen heiseren Hochruf aus, und mit frischem Mut stürzten die Seeleute nach hinten.

Durch die kämpfenden, ineinander verstrickten Figuren sah Bolitho am Steuerrad des Schiffes einen Steuermannsmaat ganz alleine stehen, während andere in verschiedenen Stellungen tot um ihn herumlagen, ein Zeichen, daß jemand an Bord der *Sparrow* einige Scharfschützen in die Rahen gesandt hatte.

Dann, ganz plötzlich, standen sie sich Angesicht zu Angesicht gegenüber. Bolitho, dessen Hemd fast bis zur Taille zerrissen war, dessen Haare ihm über der Stirne festklebten, mit gegen den Feind ausgestrecktem Entermesser.

Der andere Kapitän stand fast bewegungslos, hielt seinen Degen im Winkel leicht schräg vor sich. Aus der Nähe gesehen war sein Gesicht fast noch schrecklicher, aber es bestand kein Zweifel an seiner Beweglichkeit, als er plötzlich einen Ausfall nach vorn machte.

Die Klingen trafen mit scharfem Klang aufeinander. Funken flogen, als sie sich ineinandergruben, bis die beiden Griffe sich ineinander verkeilten und jeder der beiden Kämpfer das Gewicht des gegnerischen Armes prüfte.

Bolitho sah in das starre Auge, fühlte den heißen Atem, die zitternde Spannung in seiner Schulter, als er Bolitho mit einem Fluch gegen das Steuerrad zurückwarf, mit zwei scheinbar leichten Bewegungen seinen Degen zurückzog und wieder zuschlug. Wieder und wieder Schlag, Parade, Deckung. Das Entermesser kam ihm wie ein Bleigewicht vor und jede Bewegung wurde zur Qual. Bolitho sah, wie sich der Mund des anderen Mannes zu einem grimmigen Grinsen verzog. Er wußte, daß er gewinnen würde.

Über der Reling ging der Kampf wie vorher weiter, aber im Kampflärm hörte er Tyrell vom Achterdeck schreien: »Helft dem Kapitän! Um Jesu willen, *helft ihm!*«

Als sie sich wie Katzen im Urwald umzingelten, sah Bolitho Stockdale, der versuchte, sich zu ihm durchzuschlagen und durchzuhacken. Aber er mußte mit mindestens drei Männern kämpfen und sein Brüllen war das eines gereizten Stieres.

Bolitho hob sein Entermesser bis in Taillenhöhe des anderen Mannes. Er konnte es nicht höher heben. Seine Muskeln schienen zu brechen. Wenn er nur die Hand wechseln könnte. Aber er würde sterben, wenn er es versuchte.

Der Degen flog nach vorne, die Spitze drang durch seinen Ärmel und berührte seine Haut wie rotglühendes Eisen. Er fühlte das Blut seinen Arm herunterrinnen, sah das einzige Auge des Mannes durch einen Nebel von Schmerzen.

Der Kapitän der Brigantine schrie: »So, Kapitän! Jetzt ist der richtige Augenblick! Für *Sie!*«

Er bewegte sich so schnell, daß Bolitho kaum die Klinge kommen sah. Sie erreichte das Entermesser nur wenige Zentimeter vor dem Griff, drehte es ihm aus der Hand wie ein Spielzeug, das man einem Kind wegnimmt, und warf es dann in hohem Bogen über die Reling.

Es gab einen lauten Knall, Bolitho fühle, wie die Kugel an seiner Schulter vorüberflog, die Hitze war so groß, daß sie sicherlich nur ungefähr eine Daumenbreite davon entfernt gewesen war. Sie traf den anderen Mann in den Hals, wirbelte ihn herum, gerade als er seinen Degen zum letzten Stoß ansetzen wollte. Einige Augenblicke lang zuckte er noch, dann brach er zusammen und lag still in seinem Blut.

Bolitho sah, wie Dalkeith einen Fuß über das Schanzkleid schwang und zu ihm heraufkletterte, eine rauchende Pistole in der Hand.

Auf beiden Schiffen herrschte eine völlige Stille, und die Mannschaft der Brigantine stand oder lag, um Gnade von ihren Angreifern zu erlangen.

Bolitho sagte: »Danke. Das war knapp.«

Dalkeith schien nicht zu hören. Er sagte gebrochen: »Sie haben Majendie getötet. Wie einen Hund abgeschossen, als er versuchte, einen Verwundeten zu retten.«

Bolitho spürte die Finger des Arztes auf seinem Arm, als er das Hemd zu einer groben Bandage zerriß.

Er drehte sich, um die beiden Schiffe zu betrachten.

Einige seiner Männer riefen heiser Hurra, als er zum Schanzkleid hinüberging, aber die meisten waren zu ausgepumpt, um sich überhaupt zu bewegen.

Ärger, Ekel, sowie ein Gefühl des Verlustes durchfluteten ihn, als er durch seine keuchenden Seeleute ging. Wenn man daran dachte, daß Männer gestorben waren, nur wegen Verrat und weil jemand Reichtümer für andere erlangen wollte, die weit weg vom Geschehen blieben.

»Aber *diesmal* nicht!« Er sprach laut, ohne es zu merken. »Für den Kummer des heutigen Tages wird jemand bitter bezahlen müssen!«

Eines Mannes Verlust

K onteradmiral Sir Evelyn Christie erhob sich hinter einem
Tisch, der mit Dokumenten beladen war, und beugte sich
vor, um seine Hand anzubieten.

»Willkommen.« Er wies auf einen Stuhl. »Es freut mich, Sie wieder zu sehen.«

Bolitho setzte sich und beobachtete den Admiral, als dieser zur
Heckgalerie hinüberging. Es war drückend heiß, und obwohl eine
regelmäßige Brise über Sandy Hook strich, war die Luft in der
Kajüte des Flaggschiffs stickig.

Christie setzte abrupt hinzu: »Es tut mir leid, Sie so lange auf-
gehalten zu haben. Aber die hohe Kommandopolitik ist nichts für
einen jungen Kapitän.« Er lächelte. »Ihr Mut ist über jeden Zweifel erhaben, aber hier in New York würde man sie Sie am liebsten
lebendig auffressen!«

Bolitho versuchte, sich zu entspannen. Drei Tage nachdem er
Anker geworfen hatte, mußte er unter allen Umständen auf seinem Schiff bleiben. Nachdem er seinen Bericht an das Flaggschiff gegeben und seine Verwundeten zur weiteren Pflege an
Land hatte bringen lassen, ließ man kaum Zweifel an seiner eigenen Position. Es war kein eigentlicher Befehl herausgegeben worden, aber der Wachoffizier hatte ihm mitgeteilt, daß seine Anwesenheit an Bord im Interesse aller wünschenswert sei, bis der
Admiral sich geäußert hätte.

Er begann: »Wenn ich unrecht getan habe, dann...«

Christie blickte ihn erstaunt an. »*Unrecht?* Genau das Gegenteil.
Aber Sie haben diesmal sicherlich einen Fuchs unter die Gänse
losgelassen.« Er zuckte die Schultern. »Aber Sie sind nicht an
Bord gekommen um zu hören, was Sie schon wissen. Ihre Tat,
die *Five sisters* zu kapern, die Tatsache, daß Sie gewisse Doku-

mente an sich bringen konnten, ehe ihr Herr darüber verfügen konnte, überwiegen bei weitem das Unbehagen einzelner anderswo.«

»Danke, Sir.« Er war sich immer noch nicht sicher, wohin Christies Ausführungen führen sollten.

»Es scheint jetzt festzustehen, daß der Kommandant der Brigantine, ein gewisser Matthew Crozier, die Absicht hatte, entweder einem feindlichen Schiff oder einem Spion entlang der Küste Informationen weiterzugeben. Das würde erklären, warum er sich so weit vom Kurs befand, seine Entschuldigung, einer spanischen Fregatte aus dem Wege gegangen zu sein. Es kann aber über seine hauptsächliche Mission keinen Zweifel geben. Bei seiner Fahrt nach Jamaica sollte er dem Compte de Grasse in Martinique eine Botschaft bringen. Meine Leute haben die Depesche sehr sorgfältig untersucht.« Er blickte Bolitho voll an. »Sie fanden darin alle Details unserer Abwehr und alle verfügbaren Kriegsschiffe. Truppenaufmärsche, sowohl zur See als auch an Land, bis zur Angabe unserer Truppenstärke unter Cornwallis.« Er nahm ein Dokument auf und las einige Sekunden darin. »So oder so, an dieses Jahr werden wir uns erinnern!«

Bolitho bewegte sich unruhig in seinem Stuhl. »Wie konnte ein Freibeuter wie Crozier einen Befehl erhalten, für die Engländer zu arbeiten?«

Christie lächelte schief. »Ihm gehörte die Brigantine. Sie wurde zweifelsohne von seiner Seite gekauft. Die Mannschaft war zusammengesucht. Der Abschaum von einem Dutzend Häfen und fast genausoviel Ländern. Da kleine Schiffe so gefragt waren, war seine Täuschung nicht so schwierig. Selbst auf seinen offiziellen Fahrten schmuggelte er offensichtlich.« Er drehte sich um, seine Schultern wurden plötzlich steif. »Meist für die, die in New York an der Macht sind!«

»Darf ich fragen, ob sie bestraft werden sollen?«

Christie drehte sich um und zuckte die Schultern. »Wenn Sie General Blundell meinen, so können Sie versichert sein, daß er Amerika sehr bald verlassen wird. Ich bin ebenso sicher, daß er durch Einfluß und mächtige Freunde daheim gerettet werden wird. Entfernung und Zeit sind wichtige Hilfskräfte, was die Schuldigen betrifft. Andere aber werden sicherlich an die Wand gestellt werden, und es ist mir gesagt worden, daß die Militärregierung unsere Entdeckung benutzen will, um sich, zumindest teilweise, von den Parasiten zu befreien, die schon zu lange von ihr gelebt haben.«

Er lächelte über Bolithos ernstes Gesicht. »Schenken Sie etwas Madeira ein. Er wird uns beiden gut tun.« Er fuhr im selben ruhigen Ton fort. »Admiral Graves ist sehr mit Ihnen zufrieden. Er hat den Schoner *Lucifer* nach Antigua gesandt, um Admiral Rodney über die Situation hier zu informieren. Es wurden Patrouillen nach Newport beordert, die die Schwadron von de Barras beobachten sollen, obwohl es, wie Sie sehr gut wissen, schwierig ist zu beurteilen, was dort geschieht.

In der Tat wird mit den zur Verfügung stehenden Kräften alles getan, um die lokalen Gewässer zu bewachen, damit man weiß, woher der Tiger angreifen wird.«

Er nahm ein Glas aus Bolithos Hand und fragte: »Ist die *Sparrow* in gutem Zustand?«

Bolitho nickte. Es war immer noch schwierig, mit dem kleinen Admiral Schritt zu halten. »Mein Zimmermann hat die Reparaturen an der Reling fast fertiggestellt und...«

Christie nickte kurz. »*Das* kann auf jeden Fall auf See erledigt werden. Ich möchte, daß Sie für mindestens drei Monate Vorräte aufnehmen. Mein Flaggkapitän hat das in der Hand. Es könnte sogar sein, daß er für Sie einige Seeleute findet, um die in der Schlacht gefallenen zu ersetzen. Ich habe die *Heron* wieder gen Süden gesandt, aber meine anderen Küstenpatrouillen sind zu sehr auseinandergezogen, um Sicherheit zu geben. Ich benötige jedes verfügbare Schiff, besonders Ihres.« Er lächelte. »Und Sie.«

»Danke, Sir.« Er setzte sein Glas ab. »Wieder Newport?«

Der Admiral schüttelte den Kopf. »Sie werden zu Farr und seiner *Heron* stoßen.«

Bolitho starrte ihn an. »Aber, Sir, ich dachte, Sie benötigen Schiffe, um de Barras zu bewachen?«

Christie nahm die Karaffe auf und betrachtete sie gedankenverloren. »Vielleicht später. Aber im Augenblick möchte ich Sie weg aus Sandy Hook haben. Weg von denen, die versuchen werden, Sie unterzukriegen. Sie haben sich durch Ihre Handlungsweise Feinde gemacht. Wie ich eben schon sagte. Sie sind den gewundenen Pfaden der Politik nicht gewachsen.«

»Ich bin bereit, das Risiko auf mich zu nehmen.«

120

»*Ich nicht!*« Christies Stimme war hart. So wie damals beim Kriegsgericht hier in derselben Kajüte. »Für Sie sind Ihr Schiff und dessen Angelegenheiten vorherrschend. Ich muß in größeren Dimensionen denken, und meine Vorgesetzten in noch größeren. Wenn es das Beste für Sie ist, meine ganze Schwadron gegen de Barras zu führen, dann wird es so geschehen. Und wenn Ihr Schiff geopfert werden muß wie ein gefangenes Tier in der Falle, dann wird auch das befohlen werden.« Er wurde langsamer. »Vergeben Sie mir. Das war unverzeihlich.« Er zeigte mit einer Hand auf seine Seekarten. »Der Feind ist mächtig, aber doch wieder nicht so, daß er überall zugleich angreifen kann. Er kann gegen New York ziehen, denn ohne es haben wir kein Anrecht auf eine Regierung in Amerika. Oder er kann sich gegen die Armee von General Cornwallis wenden, denn ohne die Landstreitkräfte sind wir genauso verloren. Auf jeden Fall wird es zum Kampf kommen, und meiner Meinung nach wird die Seeschlacht unseren Kurs entscheiden und den der Geschichte der nächsten Jahre.«

Füße hasteten über Deck und Bolitho hörte Kommandogeschrei, das Klappern der Taljen und Blöcke. Sogar die alte *Parthian* wurde zum Auslaufen fertiggemacht, um zu zeigen, daß sie bereit war, was immer der Feind auch vorhatte.

Bolitho erhob sich. »Wann kann ich meine Befehle erwarten, Sir?«

»Vor Sonnenuntergang. Ich würde Ihnen empfehlen, Ihre — eh-Interessen bis zu einem späteren Zeitpunkt zurückzustellen.« Er drückte seine Hand. »Das Herz ist eine feine Sache, aber ich würde es vorziehen, wenn Sie Ihre Entscheidungen im Kopf treffen.«

Bolitho trat ins Sonnenlicht hinaus, sein Kopf brummte von allem, was Christie gesagt hatte, und dem größeren Teil, den er nicht ausgesprochen hatte. Er war alles so unfair. Ein Seemann stand in der Schlacht bei seinem Geschütz bis ihm etwas anderes befohlen wurde. Oder er kämpfte sich durch einen pfeifenden Sturm, zitterte vor eisiger Gischt und fürchtete sich halb zu Tode. Aber er gehorchte. So lagen die Dinge, oder waren es wenigstens Bolithos Erfahrung nach gewesen. Bis jetzt.

Denn die Leute von Blundells Art ignorierten derartige Unterschiede, konnten und wollten ihre persönliche Autorität zu eigenem Vorteil ausnützen, selbst wenn das Land um sein Leben kämpfte. Es war kein Wunder, daß solche Typen wie Crozier gediehen und bessere Resultate erzielten als eine ganze Armee von bezahlten Spionen. Crozier hatte seine Pflicht auf die einzige Art getan, die er kannte. Da er die Gefahren ignorierte, hatte Blundell kaum etwas besseres als Verrat begangen.

Er hielt an der Schanzkleidpforte inne und starrte mit plötzlicher Besorgnis auf die wartende Gig. Warum hatte er also Christie nichts über die Gegenwart von Crozier in Blundells Haus erzählt? Es hätte dann keinen Ausweg aus der Verschwörung mehr gegeben, wäre diese Neuigkeit bekannt geworden. Er fluchte zwischen den Zähnen und gab Stockdale ein Zeichen.

Narr, Narr! Vielleicht hätte er es ihr zuerst sagen sollen, damit sie Zeit gehabt hätte, sich von den Angelegenheiten ihres Onkels zurückzuziehen.

Der Flaggkapitän kam zu ihm an die Pforte. »Ich habe die Wasserleichter zur *Sparrow* hinübergeschickt. Ein weiterer wird innerhalb einer Stunde längsseits sein. Wenn Ihre Leute mit anpacken, können Sie alle Vorräte vor Anbruch der Dämmerung an Bord haben.«

Bolitho betrachtete ihn neugierig. Eine so ruhige Sicherheit, und doch hatte dieser Kapitän nicht nur sein eigenes Schiff und die verschiedenen Wünsche des Admirals zu berücksichtigen, sondern er mußte sich mit den Bedürfnissen jedes Offiziers und Seemannes in der Schwadron befassen. Diese Entdeckung erschütterte ihn. Es war, als ob er Christies Karten auf dem Kajütentisch liegen sähe. Für alle anderen außer ihm selbst waren die *Sparrow* und ihre Mannschaft nur ein winziger Teil des Ganzen.

Er lüftete seinen Hut zum Schrillen der Pfeifen und Blitzen der Bajonette und kletterte in die Gig hinunter. Er sagte nichts, als das Boot über den Ankerplatz pullte, und diesmal schien Stockdale es zufrieden, ihn in Ruhe zu lassen.

Er war in seiner Kajüte und sprach mit Lock die letzten Ergänzungen der Vorräte durch, als Graves eintrat und meldete, daß ein weiterer Leichter mit Frischwasser angekommen sei.

Als der Zahlmeister davonschlurfte, um die Fässer zu begutachten, bevor sie in die Laderäume hinabgesenkt wurden, sagte Bolitho: »Ich wollte mit Ihnen sprechen, Mr. Graves.« Er sah, wie der Leutnant sich versteifte, wie seine Finger sich in seinen Mantel krallten. Armer Graves. Er sah aus wie ein alter Mann, und selbst seine Bräune konnte nicht die Schatten unter seinen Augen verbergen, die scharf eingegrabenen Linien auf beiden Seiten seines Mundes. Wie stellte man es an, einen Offizier zu fragen, ob er ein Feigling sei? Er fügte hinzu: »Haben Sie irgendwelchen Kummer?«

Graves schluckte hart. »Mein Vater ist tot. Vor einigen Wochen — ich habe soeben einen Brief erhalten.«

»Das tut mir leid, Mr. Graves.« Bolitho sah ihm mit plötzlichem Mitleid ins Gesicht. »Es ist schwerer zu ertragen, wenn man so wie wir weit weg ist.«

»Ja.« Graves blinzelte nicht einmal. »Er war -eh- seit einiger Zeit krank.«

Die Türe wurde aufgerissen und Tyrell hinkte geräuschvoll in die Kajüte. Er schien Graves nicht zu sehen, als er ausrief: »Bei Gott, Kapitän! Ich habe Neuigkeiten!« Er lehnte sich über den Tisch, seine ganze Aufregung und Freude strömten aus ihm heraus. »Meine Schwester. Es geht ihr gut und sie ist in Sicherheit! Ich habe einen Mann getroffen, der Jäger in der Grafschaft war. Er sagte, sie lebt bei unserem Onkel. Das ist ungefähr zwanzig Meilen nördlich unserer alten Farm.« Er grinste breit. »In Sicherheit! Ich kann kaum glauben, daß ich nicht träume!« Er drehte sich um und sah Graves erst jetzt. »Oh, zum Teufel! Es tut mir leid. Ich habe mich vor lauter Aufregung vergessen.«

Graves starrte ihn blicklos an, und seine Finger hatten seinen Mantel in zwei feste Bälle gedreht.

Tyrell fragte: »Was ist los? Sind Sie krank oder was sonst?«

Graves murmelte: »Ich muß gehen. Bitte entschuldigen Sie mich. Sir.« Er rannte fast aus der Kajüte.

Bolitho stand auf. »Das waren gute Neuigkeiten, Jethro.« Er blickte auf die Türe. »Leider hat Graves gerade traurigere gebracht. Sein Vater.«

Tyrell seufzte. »Es tut mir leid. Ich dachte, es sei vielleicht etwas von dem gewesen, was ich gesagt hatte.«

»Wieso?«

Tyrell zuckte die Schultern. »Nicht wichtig. Er hat sich einmal Hoffnungen auf meine Schwester gemacht.« Er lächelte über eine geheime Erinnerung. »Dies scheint nun alles sehr lange her zu sein.«

Bolitho versuchte, nicht an Graves' verblüfften Gesichtsausdruck zu denken.

»Eines Tages werden Sie wieder zu Ihrer Schwester zurückkehren können. Das freut mich sehr für Sie.«

Tyrell nickte mit verträumten Augen. »Aye. Eines Tages.« Er nickte noch entschiedener. »Ich fühle mich jetzt nicht mehr ganz so verloren.«

Fähnrich Fowler stieg vorsichtig über den Süll der Luke und zog seinen Hut. »Der Leichtermann brachte Ihnen diesen Brief, Sir.« Er lispelte auffallend. »Er bestand darauf, daß ich Ihnen das Schriftstück persönlich übergebe.«

»Danke.«

Bolitho hielt ihn in der Hand. Wie der andere, den er in seinem Safe verschlossen hatte. Ihre eigene Handschrift. Er öffnete ihn rasch und sagte dann: »Ich werde ungefähr eine Stunde an Land gehen. Lassen Sie meine Gig rufen.«

Fowler rannte aus der Kajüte, seine scharfe Stimme rief nach der Bootsmannschaft.

Tyrell fragte ruhig: »Ist das richtig, Sir?«

»Was zum Teufel meinen Sie damit?« Bolitho drehte sich nach ihm um, seine Frage hatte ihn unvorbereitet getroffen.

Tyrell runzelte die Stirn. »Ich habe verschiedene Leute getroffen, als ich neue Taue bestellte, Sir. Es ist in ganz New York sehr gut bekannt, was Sie getan haben. Die meisten lachen sich halb krank, daß Ihre Tat diese verdammten Schufte und Verräter entlarvt hat. Aber einige glauben, daß Sie während Ihres Aufenthaltes hier in wirklicher Gefahr sind. Es werden noch viel mehr in ihren Betten zittern. Und sich fragen, was Sie noch entdeckt haben und wann die Soldaten kommen werden und an *ihre* Türe klopfen.«

Bolitho senkte die Augen. »Es tut mir leid, daß ich so ärgerlich war. Aber fürchten Sie nichts. Ich habe nicht vor, meine Haut zu deren Nutzen spazierenzutragen.«

Tyrell beobachtete ihn, als er seinen Hut ergriff und Fitch ungeduldig bedeutete, sein Degengehenk zu befestigen. Dann sagte er: »Mir wird wohler sein, wenn wir wieder auf See sind.«

Bolitho eilte an ihm vorbei. »Und das wird heute abend sein, mein vorsichtiger Freund. Also rühren Sie sich und achten Sie auf die Vorräte!« Er lächelte über Tyrells Besorgnis. »Aber passen Sie auf. Es könnte sich ein Attentäter im Pökelfleisch versteckt haben!«

Tyrell brachte ihn an die Schanzkleidpforte, blieb aber noch eine ganze Weile an der Reling stehen, trotz der Sonne und des Schmerzes in seinem Schenkel.

*

Eine kleine Kutsche wartete auf Bolitho am Ende des Piers. Es war eine schäbige Kutsche, und nicht im mindesten mit der zu vergleichen, die ihn zum Wohnsitz des Generals gebracht hatte. Aber der Kutscher war derselbe Neger, und sobald Bolitho eingestiegen war, schnalzte er mit der Peitsche und trieb die Pferde zu einem flotten Trab an.

Sie ratterten durch verschiedene enge Straßen und dann in eine ruhige Straße, die von fest gebauten Häusern eingefaßt war; die meisten davon schienen von den Flüchtlingen der Stadt bewohnt zu sein. Die Gebäude hatten ihre Fassade der Wohlhabenheit verloren, und wo einst Gärten gewesen waren, lagen jetzt Berge von aufgegebenen Kinsten und standen traurig aussehende Fahrzeuge herum. Aus vielen der Fenster sah er Frauen und Kinder auf die Straße herunterstarren. Sie hatten den Blick entwurzelter Menschen, die nicht viel zu tun hatten, außer zu warten und zu hoffen.

Die Kutsche rollte durch ein Paar schiefhängender Tore und auf ein weiteres dieser Häuser zu. Der einzige Unterschied war, daß dieses leer war, die leeren Fenster sahen in der Sonne aus wie tote Augen.

Einen Moment lang kam ihm Tyrells Warnung in den Sinn, aber als die Kutsche anhielt, sah er das Mädchen neben dem Haus, ihr Kleid spiegelte sich in dem teilweise zugewachsenen Teich. Er eilte auf sie zu, das Herz schlug ihm bis zum Halse. »Ich bin, so schnell ich konnte, gekommen!« Er nahm ihre Hände in seine und betrachtete sie herzlich. »Aber warum müssen wir uns hier treffen?«

Sie warf den Kopf zurück, das Haar flog von ihrer Schulter nach hinten, genauso wie er sich in den Wochen, die er weg gewesen war, daran erinnert hatte.

»Es ist besser so. Ich kann keine Zuschauer ertragen. Die Spötter hinter meinem Rücken.« Ihre Stimme ließ kaum eine Bewegung erkennen. »Wir wollen jetzt hineingehen. Ich muß mit Ihnen reden.«

Ihre Schuhe verursachten hohle Geräusche auf den bloßen Böden.

Es war ein schönes Haus gewesen, aber jetzt blätterte der Gips ab und die Wände waren mit Spinnenweben bedeckt.

Sie ging zu einem Fenster und sagte: »Mein Onkel ist in ernsthaften Schwierigkeiten, aber ich nehme an, daß Sie das wissen. Er war vielleicht dumm, aber nicht mehr als viele hier.«

Bolitho schob seine Hand unter ihren Arm. »Ich möchte nicht, daß Sie mit darin verwickelt werden, Susannah.«

Sein Drängen, oder die Verwendung ihres Namens, veranlaßte sie, sich umzudrehen und ihn anzublicken.

»Aber ich bin darin verwickelt, wie Sie es nennen.«

»Nein. Das Schmuggeln und die anderen Anklagen können nichts mit Ihnen zu tun gehabt haben. Niemand würde es je glauben.« Sie blickte ihn ruhig an. »Es macht auch nichts aus. Aber ein Hinweis auf Verrat würde meinen Onkel ruinieren und alle, die mit ihm zu tun haben.« Sie grub ihre Finger in seinen Arm.

»Dieser Crozier — haben Sie von seiner Anwesenheit in unserem Hause gesprochen? Bitte, ich muß es wissen. Denn wenn Sie weiterhin schweigen, kann alles noch gut werden.«

Bolitho wandte sich ab. »Glauben Sie mir, ich kann Sie davor retten. Ihr Onkel wird nach England geschickt werden. Es gibt keinen Grund, warum Sie nicht hierbleiben können.«

»Hier?« Sie trat einen Schritt von ihm zurück. »Was sollte das für einen Zweck haben?«

»Ich — ich dachte, wenn Sie Zeit zu überlegen hätten, könnten Sie sich entscheiden, meine Frau zu werden.«

In dem leeren Raum hallten seine Worte, als ob sie sich über ihn lustig machen wollten.

»Sie heiraten?« Sie strich sich das Haar aus der Stirne. »Haben Sie das gedacht?«

»Ja. Ich hatte Grund zu der Hoffnung.« Er betrachtete sie verzweifelt. »Sie deuteten an, daß...«

Sie antwortete scharf: »Ich habe niemals etwas Derartiges angedeutet, Kapitän! Wenn die Dinge sich so entwickelt hätten, wie ich es geplant hatte, dann vielleicht...«

Er versuchte es noch einmal. »Aber für uns *muß* sich doch nichts ändern.«

Sie fuhr fort, als ob er gar nicht gesprochen hätte. »Ich hatte geglaubt, daß Sie es mit Hilfe einiger meiner Freunde eines Tages zu etwas bringen könnten. Eine Stellung in London, vielleicht sogar ein Sitz im Parlament. Alles ist möglich, wenn man es wirklich will.« Sie hob ihre Augen wieder zu seinem Gesicht. »Haben Sie wirklich geglaubt, ich würde einen Seeoffizier heiraten? Jeden Tag darauf zu warten, daß ein Schiff nach dem anderen Anker wirft? Es gibt andere Lebensarten außer Ihrem miserablen Dienst, *Kapitän!*«

»Es ist mein Leben.« Er fühlte, wie die Wände auf ihn zukamen. Die Luft wurde aus seinen Lungen gepreßt, als müsse er ertrinken.

»Der Weg der Pflicht.« Sie ging zum Fenster und blickte auf die Kutsche hinab. »Sie waren ein Narr, wenn Sie dachten, ich würde eine solche Existenz teilen. Und noch ein größerer, wenn Sie das weiterhin denken!« Sie drehte sich leicht um, ihre Augen blitzten. »Das Leben ist mehr, als ein paar arme Schmuggler in des Königs Namen zu fangen!«

Bolitho sagte: »Ich werde nichts davon sagen, daß Crozier bei Ihrem Onkel war. Aber es wird sicherlich herauskommen, wenn die Behörden ihre Untersuchungen abgeschlossen haben.« Er fügte bitter hinzu: »Die Ratten beißen einander immer, wenn das Futter knapp wird.«

Sie atmete langsam aus, eine Hand leicht auf ihr Herz gelegt. »Bleiben Sie noch einige Minuten, während ich zu meiner Kutsche gehe. Ich wünsche nicht hier gesehen zu werden.«

Bolitho streckte seine Arme aus und ließ sie dann wieder seitwärts herabfallen. Er war besiegt. Er war es schon länger gewesen, als er gewußt hatte.

Doch als sie im dunstigen Sonnenlicht vor ihm stand und ihn mit ihren violetten Augen auf die Entfernung betrachtete, wußte er, daß er, wenn er irgend etwas tun oder sagen könnte, um zie zu halten, es tun würde.

Sie ging auf die Türe zu. »Sie sind ein sonderbarer Mann. Aber ich sehe keine Zukunft für Sie.« Dann war sie gegangen, ihre Schritte verhallten im Treppenhaus und er war ganz allein.

Er konnte sich nicht erinnern, wie lange er in dem leeren Raum gestanden hatte. Minuten? Eine Stunde? Als er schließlich die Treppe hinunter in den verwilderten Garten ging, bemerkte er, daß sogar die schäbige Kutsche verschwunden war. Er ging hinüber zum Teich und blickte auf sein eigenes Spiegelbild.

Wenn sie ärgerlich gewesen wäre, oder ängstlich, dann hätte er vielleicht noch gewußt, was er zu tun hatte. Sie hatte nicht einmal Verachtung gezeigt. Sie hatte ihn einfach entlassen, genauso ge- dankenlos, wie sie einen nutzlosen Diener zurückgewiesen hätte.

Ein Fuß stieß an einen Stein, er schwang herum und sah in dieser Sekunde vier dunkle Figuren an den verwilderten Büschen.

»Langsam, Käpt'n!« Einer von ihnen hatte einen gezogenen De- gen, und er sah, daß auch die anderen gut bewaffnet waren.

»Es ist sinnlos zu kämpfen!«

Bolitho wich an den Teich zurück, die Hand am Säbel.

Ein anderer Mann kicherte. »Aye, so ist's recht, Käpt'n. Wir wissen dann schon, wo wir Ihre Leiche verstecken, wenn wir mit Ihnen fertig sind. Praktisch — was Kameraden?«

Bolitho blieb ganz ruhig. Er wußte, daß es sinnlos war, mit einem von ihnen reden zu wollen. Sie sahen aus wie berufsmäßige Kri- minelle, Männer, die für Geld arbeiteten, unabhängig davon, was es sie letztlich kosten würde. Er war plötzlich ganz ruhig, als ob ihre Ankunft seine Verzweiflung vertrieben hätte wie ein kalter Wind.

»Dann werde ich wenigstens noch ein paar mitnehmen!«

Er zog seinen Säbel aus der Scheide und wartete auf ihren An- griff. Zwei hatten Pistolen, aber es waren wahrscheinlich Militär- patrouillen in der Nähe, und ein Schuß würde sie aufmerksam machen.

Stahl stieß auf Stahl, und er sah, wie das Grinsen des Anführers zu einem angestrengten Stirnrunzeln wurde, als sich ihre Klingen ineinander verbissen. Er duckte sich, als ein Mann nach seinem Nacken schlug, drehte seinen Säbel und fuhr ihm über das Ge- sicht, hörte ihn schreien, als er in die Büsche zurücktaumelte.

»Verdammt sollst du sein, elender Bastard!« Ein anderer warf sich nach vorne, sein Degen schoß unter Bolithos Deckung. Aber es sprang von seiner Gürtelschnalle ab, und er konnte ihn mit dem Griff zur Seite werfen, traf ihn mit solcher Gewalt am Kiefer, daß es ihm fast den Säbel aus der Hand riß.

Der Garten schwamm in einem Nebel von Schmerzen, als ihn etwas heftig an die Stirn traf und er merkte, daß einer von ihnen einen Stein geworfen hatte. Er holte mit dem Säbel aus, fühlte aber, daß er nur in die Luft schlug. Jemand lachte, und ein an- derer rief heiser: »Jetzt, Harry! Mach ihn fertig!« Füße polterten durch die Büsche, Bolitho wurde von jemand in einem blauen

Rock beiseite geschoben, der schrie: »Auf sie, Kameraden! Haut sie nieder!«

Degen blitzten und klangen aufeinander, und ein Körper rollte um sich schlagend in den Teich, das Blut färbte die Oberfläche rot.

Bolitho kam unsicher auf die Beine, sah daß Heyward und Tyrell die beiden Angreifer zum Haus zurücktrieben, während Dalkeith wachsam daneben stand, seine beiden wundervollen Pistolen glänzten im Sonnenlicht.

Heyward zwang seinen Mann in die Knie und sprang zurück, um ihn auf sein Gesicht rollen zu lassen. So blieb er liegen.

Der einzige Überlebende warf seinen schweren Degen weg und schrie: »Gnade! Gande!«

Tyrell trat ungeschickt auf seinem verkrüppelten Bein auf und sagte hart: »Keine verdammte Gnade!«

Der Degen traf ihn in die Brust, einen endlosen Augenblick lang hielt er ihn an der Wand aufrecht, ehe er neben seinem Begleiter zusammensank.

Tyrell wischte seine Klinge ab und hinkte zu Bolitho hinüber. »Alles in Ordnung, Kapitän?« Er streckte seine Hand aus, um ihm aufzuhelfen. »Gerade zur rechten Zeit, wie es scheint.« Heyward stieg über eine der Leichen. »Jemand wollte Sie tot sehen, Sir.«

Bolitho blickte von einem zum anderen, die aufsteigende Rührung mischte sich mit Verstehen.

Tyrell grinste. »Sehen Sie, ich hatte recht.«

Bolitho nickte schwerfällig. *Jemand wollte Sie tot sehen.* Aber das Schlimmste war, daß sie die Gefahr, in der er schwebte, gekannt hatte und nichts dagegen unternommen hatte. Er blickte auf die im Teich treibende Leiche.

»Was kann ich sagen? Wie soll ich Worte finden?«

Dalkeith murmelte: »Sagen wir einfach, es war auch für Rupert Majendie.«

Tyrell legte seinen Arm auf Heywards schmale Schulter, um Halt zu suchen.

»Aye, das ist gut.« Er schaute auf Bolitho und hielt seinem Blick stand. »Sie haben viel für uns getan. Und auf der *Sparrow* kümmern wir uns um unsere eigenen Angelegenheiten!«

Zusammen gingen sie von der Straße weg und auf die See zu.

Mißverstandene Identität

Bolitho lehnte sich in seinem Stuhl zurück und blickte lustlos auf das offene Logbuch. Er war nackt bis zur Taille, fand aber in der überhitzten Kajüte keine Erleichterung. Er berührte seinen Mund mit der Feder und überlegte, was er schreiben sollte, wenn es nichts zu berichten gab. Um ihn herum und über ihm schwoite und dippte das Schiff in einer leichten südöstlichen Brise, und er bedauerte die Wache an Deck, die einen weiteren Tag im unerbittlichen grellen Sonnenlicht schwitzen mußte. Sogar die *Sparrow* schien ihren Protest zu äußern. Die Hölzer ächzten und zitterten in der Bewegung, von Salz und Hitze ausgedörrt, und durch die offenen Fenster sah er, daß die geschnitzten Verzierungen am Süll aufbrachen, die Farbe blätterte ab und enthüllte das bloße Holz.

Seit er nördlich der Little Bahama Bank Station bezogen hatte, wartete er ungeduldig darauf, innerhalb einiger Wochen wieder zu einem aktiveren Dienst gerufen zu werden. Aber wie die meisten seiner Männer hatte er längst die Hoffnung aufgegeben. Woche auf Woche verging, und die *Sparrow* und ihr Schwesterschiff *Heron* zogen ihre ermüdenden Patrouillen durch den ganzen Juli hin, jede Dämmerung brachte einen leeren Horizont und mit jeder Stunde wurde die Spannung um ihre kleine, isolierte Existenz größer.

Und jetzt war es August. Vielleicht hatte Christie auf Vorräten für drei Monate bestanden, weil er nicht die Absicht gehabt hatte, die *Sparrow* vor Ablauf dieser Zeit zurückzurufen. Vielleicht waren sie alle vergessen worden, oder der Krieg war vorbei. Es war, als ob sich im Gesamtgebiet der Patrouille gar nichts bewege. Ungleich ihrer letzten Fahrt zu den Bahama Banks, als sie Prisen genommen und mit gesetzestreuen Handelsfahrern gesprochen hatten, war absolut nichts zu sehen. Ihre Routine änderte sich kaum. Im allgemeinen behielten sie die Royalsegel der *Heron* gerade noch am Horizont im Auge und fuhren auf einem Parallelkurs vor und zurück, immer die Untiefen und Riffe vermeidend. Es war möglich, ungefähr 60 Meilen zu überwachen, ohne daß sich die beiden Ausgucks in den Großmasten der beiden Korvetten aus den Augen verloren, jedenfalls solange sich das Wetter nicht gegen sie wandte. Sogar ein richtiger Sturm wäre willkommen. Das peinigende Unbehagen machte jedoch allen zu schaffen, nicht zuletzt ihm selbst. Es klopfte an die Türe und Dalkeith trat ein, sein rundes Gesicht schweißnaß. Die Vormittagswache war halb abgelaufen, und Bolitho hatte es für notwendig erachtet, den Arzt jeden Tag um diese Zeit zu sehen, wenn er seine Besuche bei den Kranken beendet hatte.

Er zeigte auf einen Stuhl. »Nun?«

Dalkeith stöhnte und setzte sich vorsichtig, damit ihn die grelle Sonne aus dem offenen Skylight nicht erreichen konnte. »Heute sind zwei mehr krank, Sir. Ich habe sie unten. Ein paar Tage Ruhe könnten sie wieder für eine Weile hinkriegen.«

Bolitho nickte. Es wurde ernst. Zuviel Hitze und nicht genug frisches Essen oder Obst. Lock hatte schon die letzte Kiste Zitronen geöffnet. Danach...

Dalkeith hatte ein Glas Wasser mitgebracht, das er jetzt auf den Tisch stellte. Es hatte die Farbe von Tabaksaft. Ohne Kommentar nahm er eine flache Flasche aus der Tasche und bat Bolitho mit einem Blick um die Erlaubnis, sich ein steifes Glas Rum einschenken zu dürfen.

Dies war auch eine ihrer kleinen Routinen. Obwohl Bolitho nicht begriff, wie der Arzt bei dieser Hitze Rum vertragen konnte.

Dalkeith leckte sich die Lippen. »Besser als dieses Wasser.« Er runzelte die Stirn. »Wenn wir nicht bald frisches Trinkwasser bekommen, kann ich für nichts garantieren, Sir.«

»Ich tue, was ich kann. Vielleicht können wir eine kleine Insel anlaufen und nach einem Fluß suchen. Ich habe aber in dieser Gegend wenig Hoffnung. War das alles?«

Dalkeith zögerte. »Ich sollte ja eigentlich ruhig sein, aber Freundschaft und Pflicht gehen selten Hand in Hand. Es ist der Erste Leutnant.«

»Mr. Tyrell?« Bolitho setzte sich auf. »Was ist mit ihm?«

»Sein Bein. Er versucht vorzutäuschen, daß es in Ordnung ist, aber es gefällt mir nicht.« Er schlug die Augen nieder. »Noch schlimmer, ich mache mir Sorgen.«

»Ich verstehe.« Er hatte wohl bemerkt, wie Tyrells Hinken immer deutlicher wurde, doch wann immer er darauf zu sprechen kam, hatte er geantwortet: »Das geht vorüber. Kein Grund zur Sorge.«

»Was schlagen Sie vor?«

Dalkeith seufzte. »Ich könnte noch nach mehr Splittern suchen, wenn das aber fehlschlägt...« Er nahm noch einen Schluck Rum.

»Dann müßte ich das Bein abnehmen.«

»O Gott.«

Bolitho ging zu den Fenstern hinüber und lehnte sich über das Querholz hinaus. Unter ihm sah die See sehr klar aus, und er konnte im schäumenden Kielwasser des Schiffes kleine Fische hochspringen sehen.

Hinter sich hörte er Dalkeith bestimmt hinzufügen. »Ich könnte es natürlich tun. Es müßte aber geschehen, solange er noch kräftig ist. Bevor der Schmerz und diese verdammte Hitze ihn unterkriegen wie einige von den anderen.«

Bolitho drehte sich um und fühlte die Sonne auf seinem nackten Rücken.

»Ich habe nicht an Ihren Fähigkeiten gezweifelt, Sie haben sie oft genug bewiesen.«

Dalkeith sagte grimmig: »Ich war an einem feinen Krankenhaus in London, ehe ich England verließ.« Er schnitt eine Grimasse. »Wir übten an den Armen und arbeiteten für die Reichen. Es war ein hartes Training, aber sehr nützlich.«

»Werden Sie zurückgehen, wenn der Krieg vorüber ist?« Er versuchte nicht an Tyrell zu denken, der auf einem Tisch festgehalten wurde, die erhobene Säge über seinem Bein.

Dalkeith schüttelte den Kopf. »Nein. Ich werde mich irgendwo hier in der Gegend ansiedeln. Vielleicht in Amerika, wer weiß?« Er lächelte schief. »Leider mußte ich England etwas eilig verlassen. Eine Ehrensache wegen einer Dame.«

»Ich habe mich die ganzen drei Jahre gewundert, woher Sie die Geschicklichkeit mit Ihren Pistolen haben.«

Dalkeith nickte. »Leider habe ich den falschen Mann erschossen. Sein Tod wurde als ein schlimmerer Verlust betrachtet als meiner, also nahm ich das Paketboot von Dover und kam schließlich zwei Jahre später auf den Indies an.«

»Vielen Dank, daß Sie es mir erzählt haben.« Bolitho massierte seinen Magen mit dem Handrücken. »Ich werde versuchen, ob ich auf einem anderen Schiff eine Stelle für Sie finden kann, wenn wir nach Hause abkommandiert werden.«

Der Arzt erhob sich. »Das würde mich sehr freuen.« Er sah Bolitho zweifelnd an. »Und Tyrell?«

»Ich werde mit ihm reden.« Er wandte sich ab. »In Gottes Namen, was soll ich sagen? Wie würde ich mich fühlen, wenn ich es wäre?«

Dalkeith ließ seine Hand auf dem Schott ruhen, bis die *Sparrow* aus einem Wellental langsam auftauchte.

»Ich weiß auch keine Antwort. Ich bin nur ein Arzt.«

»Aye.« Bolitho sah ihn ernst an. »Und ich bin nur ein Kapitän.«

Fähnrich Bethune trampelte durch die Offiziersmesse und blieb vor der Kajüte stehen.

»Beste Empfehlungen von Mr. Graves, Sir. Die *Heron* hat signalisiert, daß sie im Osten ein unbekanntes Segel gesichtet hat.«

»Sehr gut. Ich werde hinaufkommen.«

Dalkeith wartete, bis Bolitho ging. »Abruf nach New York? Wenn es so wäre, könnte ich Tyrell in ein Krankenhaus bringen. Sie haben die Einrichtungen, die notwendige Pflege.«

Bolitho schüttelte den Kopf. »Ich fürchte nicht. Ein Segel mit einer solchen Nachricht müßte von Süden kommen. Ob Freund oder Feind werden wir erst herausfinden müssen.«

Er hörte Dalkeith seufzen, als er ihn verließ und die Leiter zum Achterdeck hinaufeilte.

Er blickte schnell zum Rudergänger hin, der heiser »Kurs Nord-Nordwest, Sir!« rief. Seine Lippen waren von der Hitze gesprungen.

Graves berichtete: »Unser Ausguck hat das Segel noch nicht gesichtet, Sir.« Sein Mundwinkel zuckte an einer Seite und er fügte schnell hinzu: »Es kann alles mögliche sein.«

Es war eine leere Bemerkung, aber Bolitho wußte, das sie lediglich seine Besorgnis verbergen sollte. Er hatte beobachtet, wie die wachsende Spannung Graves vielleicht am allerschlimmsten traf. Jetzt zeigte das Zucken im Mundwinkel seine inneren Qualen wie die Zeichen einer Krankheit.

»Nun gut. Rufen Sie die Leute und bereiten Sie die Fahrt zur *Heron* hinunter vor. Lassen Sie die Royalsegel setzen und Kurs steuerbord befehlen.« Er sah, wie Buckle müde durch den Niedergang kletterte, und rief: »Ein Segel, Mr. Buckle! Vielleicht bringt es uns heute Glück!«

Der Steuermann schnaufte. »Es wäre Zeit, Sir.«

Bolitho hörte das vertraute Hinken und drehte sich um, um Tyrell von der Backbordreling kommen zu sehen.

Tyrell grinste. »Ein Segel, wie ich höre, Sir?« Er beschattete seine Augen, als er die Männer musterte, die auf ihren Stationen antraten. »Das ist wirklich etwas!«

Bolitho biß sich in die Lippe. Es war noch schmerzhafter, Tyrrels neue Zufriedenheit zu sehen. Und zu wissen, was getan werden mußte. Das heißt, wenn Dalkeith sein Handwerk verstand, — aber das war sicher.

Am Horizont sah er die hell glänzenden Segel der *Heron* und wußte, daß Farr darauf wartete, ihn bei sich zu sehen. Und wenn es auch nur zur Unterbrechung der Monotonie und sonst nichts wäre.

Innerhalb einer Stunde hatte sich das fremde Schiff zu erkennen gegeben. Es war die *Lucifer*, ihre großen Schonersegel waren wie Flügel ausgebreitet, als sie vor dem Wind lief, Gischt sprühte wie lebendiges Silber über ihren Klüverbaum.

Fowler war mit einem Fernrohr in den Leewanten, sein kleines schweinchenhaftes Gesicht glänzte vor Hitze.

»Von *Lucifer*. Habe Depeschen an Bord.« Er schaute auf das Achterdeck hinunter, als sei er stolz auf seine Entdeckung.

»Beidrehen, Mr. Tyrell.«

Bolitho beobachtete die geschäftige Verwirrung an Bord der *Lucifer*, als sie die Segel reffte, ehe sie im Lee der *Sparrow* beidrehten. Ein feines kleines Schiff. Er überlegte, ob für den Fall, daß sie anstatt der *Sparrow* sein Schiff gewesen wäre, sich sein Leben im selben Ausmaß geändert hätte.

Er sah die Hast, mit der das Beiboot des Schoners über Bord gefiert wurde. Etwas in seinem Unterbewußtsein warnte ihn und er sagte: »Signalisieren Sie an *Heron*. Erbitten Kapitän an Bord.«

»Aye, Aye, Sir!« Fowler schnippte mit den Fingern und hörte nicht damit auf, bis die Flaggen an der Rahe der *Sparrow* geheißt waren.

134

Farr's Gig hatte bereits Minuten nach dem Beiboot der *Lucifer* am Fallreep festgemacht.

Odell war persönlich an Bord gekommen, und als er seinen Hut gegen das Achterdeck lüftete und einen scharfen Blick auf Bolithos bloßen Oberkörper warf, kletterte Farr neben ihm herauf und fragte heiter: »Bei Gott, was führt Sie hierher? Haben Sie sich in Antigua nach uns gesehnt?«

Odell ging einige Schritte vorwärts und blickte sie dann an. »Die Franzosen sind ausgelaufen, Sir.«

Einen Augenblick lang sprach niemand. Bolitho nahm die Worte in sich auf, war sich aber auch der Umstehenden bewußt. Stockdale am Niedergang, der sich leicht vorbeugte, als ob er dann besser hören könnte. Buckle und Tyrell, deren Gesichter Erstaunen und mehr zeigten. Vielleicht Erleichterung, daß das Rätselraten zu Ende war.

»Kommen Sie mit nach unten.«

Bolitho führte sie in seine Kajüte, die Hitze und die Eintönigkeit der Patrouille waren vergessen.

Odell saß auf der Stuhlkante, sein Gesicht zeigte wenig von der Anstrengung, all diese Meilen von Antigua hierher zu segeln.

Bolitho sagte ruhig: »Erzählen Sie.«

»Ich habe die Depeschen wie befohlen zur Flotte gebracht.« Odell hatte eine rasche, unregelmäßige Art zu sprechen, er nickte zu seinen Worten mit dem Kopf. Es war unschwer zu erkennen, warum er in den Ruf kam, etwas verrückt zu sein. Ein Mann auf des Messers Schneide, vermutete Bolitho. Aber an der Richtigkeit seines Berichtes war nicht zu zweifeln.

»Admiral Rodney hat eine Flotte von vierzehn Linienschiffen abgeordnet, um unseren Streitkräften in New York zu helfen.«

Farr murmelte: »Das gefällt mir schon eher. Ich habe nichts für unseren Admiral Graves übrig.«

Odell's Augen blitzten gefährlich bei dieser Unterbrechung. Er sagte scharf: »Rodney ist nach England gesegelt. Er ist ein kranker Mann. Hood kommandiert die Verstärkung.«

Farr war nicht aus der Fassung gebracht. »Auch gut, sogar noch besser, ich habe unter Admiral Hood gedient und respektiere ihn.«

Bolitho sagte: »Erzählen Sie uns alles. Ich vermute, es gibt noch mehr Neuigkeiten.«

Odell nickte. »Der Compte de Grasse ist mit ungefähr zwanzig Linienschiffen ausgelaufen. Die Patrouillen berichteten, daß er den jetzt fälligen Konvoi vom Festland weg begleitet hat.«

Bolitho sagte: »Soviel ich weiß, ist das doch üblich?«

»Ja. Aber seitdem ist de Grasse nicht mehr gesehen worden.« Die Worte fielen wie Geschosse in die Kajüte.

Farr rief aus: »Eine ganze Flotte verschwunden? Aber das ist verdammt unmöglich?«

»Aber Tatsache.« Odell blickte ihn an. »Admiral Hoods Schiffe müssen dieses Gebiet im Osten durchquert haben. Und verschiedene Fregatten suchen an anderen Stellen.« Er streckte seine Hände vor. »Aber kein Zeichen von de Grasse.«

»Guter Gott!« Farr schaute Bolitho an. »Was halten Sie davon?«

Odell sagte vorsichtig: »Ich könnte ein Glas vertragen, ich bin ausgetrocknet wie ein Schwamm.«

Bolitho öffnete seinen Schrank und reichte ihm eine Karaffe.

Er sagte: »Hood wird in Sandy Hook zu Graves stoßen. Sie werden immer noch in der Minderheit sein, können sich aber ihrer Haut wehren, wenn de Grasse sich entschließt, dort anzugreifen.«

Farr sagte weniger überzeugt: »Und Hood wird es den verdammten Franzosen schon zeigen, eh?«

Bolitho antwortete: »Seine Flotte ist größer als die von Admiral Graves. Aber Graves ist der Ältere, nachdem Rodney jetzt heimgefahren ist.« Er sah auf Farr's ängstliches Gesicht. »Ich fürchte, Graves wird unsere Streitkräfte führen, falls und wenn die Zeit kommt.«

Er wandte sich Odell zu, der sein zweites Glas Wein trank. »Wissen Sie sonst noch etwas?«

Er zuckte die Schultern. »Ich habe erfahren, daß Admiral Hood die Chesapeake Bay untersuchen will, auf seiner Fahrt nach New York. Einige glauben, daß die Franzosen die Armee von Cornwallis von See her angreifen könnten. Wenn nicht, dann ist New York das Angriffsziel.«

Bolitho zwang sich, sich zu setzen. Es war merkwürdig, daß ihn Odells Informationen so sehr bewegten. Seit Monaten, sogar schon Jahren, hatten sie eine große Konfrontation zur See erwartet. Es hatte viele Scharmützel und heftige Gefechte von Schiff zu Schiff in großer Anzahl gegeben. Aber sie alle hatten gewußt, daß es früher oder später geschehen würde. Wer die Gewässer um Amerika beherrschte, der kontrollierte auch das Schicksal derer, die innerhalb seiner Grenzen kämpften.

Er sagte: »Eines ist sicher, wir sind hier zu nichts nütze.« Farr fragte: »Meinen Sie, daß *wir* zur Flotte stoßen sollten?« »So ähnlich.«

Er versuchte, seine Gedanken zu klären, Odells kurze Fakten in Relation zu bringen. De Grasse konnte überall sein, aber es war lächerlich anzunehmen, daß er nach Frankreich zurückgesegelt sei, ohne seinen Auftrag zu erfüllen. Solange er nicht in den Indies war, konnten die Briten jedes Schiff und jeden Mann in den Kampf um Amerika werfen, und de Grasse war schlau genug, seinen eigenen Wert zu kennen.

Er ging zum Tisch hinüber und nahm eine Seekarte aus dem Halter. Es waren fast siebenhundert Meilen bis nach Cape Henry an der Mündung der Chesapeake Bay. Wenn der Wind günstig blieb, konnten sie in fünf Tagen Land sichten. Wenn die Schiffe Admiral Hoods dort lagen, konnte er weitere Befehle anfordern. Korvetten würden mehr als nützlich sein, um näher an Land zu fahren oder in der Schlacht Signale zu übermitteln.

Bolitho sagte langsam. »Ich habe vor, nach Norden zu fahren, zum Chesapeake.«

Farr stand auf und rief: »Gut! Ich komme mit Ihnen.«

Odell fragte: »Nehmen Sie die volle Verantwortung auf sich, Sir?« Seine Augen waren undurchsichtig.

»Ja. Ich würde es begrüßen, wenn Sie hierbleiben, falls Schiffe hier vorbeikommen. Wenn ja, können Sie uns ja in aller Eile folgen.«

»Sehr gut, Sir.« Odell fügte ruhig hinzu. »Ich hätte es gerne schriftlich.«

»Sie unverschämter Schweinekerl!« Farr schlug mit der Faust auf den Tisch. »Wo ist Ihr verdammtes Vertrauen?«

Odell zuckte die Schultern. »Ich vertraue Kapitän Bolitho, ganz ohne Zweifel, *Sir.*« Er lächelte kurz. »Wenn aber Sie und er getötet werden, wer soll dann aussagen, daß ich nur Befehlen gehorcht habe?«

Bolitho nickte. »Das ist gerecht. Ich werde es sofort erledigen.« Er sah, wie sich die beiden Männer mit offener Feindseligkeit betrachteten. »Ruhig Blut. Recht oder unrecht, es wird gut sein, wieder in Bewegung zu kommen. Wir wollen nicht mit Unfrieden beginnen, eh?«

Odell zeigte seine Zähne. »Ich wollte nicht beleidigend sein, Sir.«

Farr schluckte hart. »In diesem Fall, nehme ich an...« Er grinste über beide Ohren. »Aber bei Gott, Odell, Sie haben mich bis auf's Blut gereizt!«

»Trinken wir ein Glas zusammen.«

Bolitho wäre gerne an Deck gegangen, um seine Neuigkeiten mit Tyrell und den anderen zu teilen. Aber er wußte, daß dieser Augenblick ebenfalls äußerst wichtig war. Nur ein paar Sekunden, an die jeder sich erinnern konnte, wenn die anderen Schiffe nur noch Silhouetten waren.

Er erhob sein Glas. »Worauf wollen wir trinken, meine Freunde?« Farr begegnete seinem Blick und lächelte. Er verstand ihn wenigstens. »Auf *uns*, Dick. Mir wenigstens würde das sehr gut gefallen.«

Bolitho stellte sein leeres Glas auf den Tisch. Ein einfacher Toast. Aber König, Sache, sogar Vaterland waren zu entfernt, die Zukunft zu unsicher. Sie hatten nur einander und ihre drei kleinen Schiffe, um sich darauf zu stützen.

*

Die Beine gegen die unangenehme schlingernde Bewegung der *Sparrow* fest aufgestemmt hielt Bolitho ein Fernrohr über die Wanten und wartete, bis sich die Küstenlinie in der Linse zeigte. Es war kurz vor Sonnenuntergang, und als sich der dumpfe gelbrote Schimmer langsam hinter der nächsten Landzunge verzog, zwang er sich, sich auf das zu konzentrieren, was er sah, und nicht was er von der Karte her erwartet hatte. Um ihn herum waren noch andere Fernrohre ausgerichtet, er hörte Tyrells schweres Atmen an seiner Seite, hörte den Griffel auf Buckles Schiefertafel neben dem Steuerrad quietschen.

Ein paar Meilen von Cape Henry, dem südlichsten Vorsprung an der Einfahrt zur Chesapeake Bay, hatte der Wind scharf umgeschlagen und später noch einmal aufgefrischt. Dies hatte ihre vorher so rasche Fahrt um einen vollen Tag verlängert, und als sie sich endlich von einer Leeküste freigesegelt hatten, um sich freien Raum zu erkämpfen, sah Bolitho die Bay mit einem gewissen Gefühl des Ärgers achtern verschwinden. Und nun, nach ihrem langen Kampf, die Einfahrt zur Bay wieder zu erreichen, wurde er vor eine neue Entscheidung gestellt: Entweder bis zur Dämmerung vor der Küste liegen zu bleiben oder seine Chance zu ergreifen und in sicherlich totaler Finsternis zwischen Cape Henry und dem nördlichen Festland einzudringen.

Tyrell ließ sein Glas sinken. »Ich kenne diese Einfahrt gut. Eine ausgedehnte Untiefe reicht weit in die Bucht hinein. Man kann vorsichtig an beiden Seiten vorbeifahren, da uns der Wind jedoch auf den Fersen ist, würde ich den südlichen Kanal vorschlagen. Wenn Sie leewärts der Untiefe bleiben, können Sie ungefähr drei Meilen von Cape Henry entfernt bleiben.« Er rieb sich das Kinn. »Wenn Sie sich verrechnen und zu weit südlich steuern, werden Sie sich sehr beeilen müssen. Es gibt sehr gefährliche Sandbänke beim Kap.«

Bolitho drehte das Fernglas, um einige tanzende rote Blitze weit im Inneren des Landes zu beobachten.

Tyrell bemerkte. »Kanonen. Ziemlich weit weg.«

Bolitho nickte. Wenn Tyrell es als Belastung empfand, so nahe an seinem Heimatland zu sein, dann zeigte er es jedenfalls nicht.

Tyrell fuhr fort: »Hinter dem York River, meine ich. Wie es aussieht, ist es schwere Artillerie.«

Heyward, der in der Nähe stand, sagte: »Keinerlei Zeichen von Schiffen, Sir.«

»Sie werden auch keine finden.« Tyrell beobachtete Bolitho. »Gerade um Cape Henry herum liegt Lynnhaven Bay. In ihrem Schutz ankern manchmal bei schlechtem Wetter große Schiffe. Von hier aus würden Sie nicht einmal eine Flotte sehen.« Er hielt inne. »Da müßten Sie schon noch in den alten Chesapeake hineinfahren.«

Bolitho gab Fowler das Glas. »Ich bin einverstanden. Wenn wir noch länger warten, könnte sich der Wind drehen. Dann wären wir wieder im Windschatten und wir würden Zeit verlieren, wenn wir uns klarkämpfen müßten.«

Er drehte sich um und schaute nach der *Heron* aus. Ihre gerefften Royalsegel glühten im rasch abnehmenden Sonnenlicht, aber hinter ihr lag die See in tiefem Schatten.

»Zeigen Sie der *Heron* die Signallaterne. Kapitän Farr weiß, was zu tun ist.«

Er wandte sich an Tyrell. »Der Ort ist auf der Karte schlecht eingezeichnet.«

Tyrell grinste, seine Augen glühten in dem trüben Licht. »Wenn sich nicht alles geändert hat, glaube ich, daß ich uns durchführen kann.«

Fowler rief: »Signal gegeben, Sir!«

Bolitho entschloß sich. »Ändern Sie den Kurs zwei Strich nach steuerbord.« Zu Tyrell gewandt fügte er langsam hinzu: »Ich hasse es, in Buchten wie diese einzufahren. Ich fühle mich auf offener See sicherer.«

Der Leutnant seufzte. »Aye. Der Chesapeake ist in vieler Hinsicht gefährlich. Von Norden nach Süden ist er an die einhundertvierzig Meilen lang. Sie können ein ziemlich großes Schiff ohne allzuviel Mühe bis hinauf nach Baltimore segeln. In der Breite sind es aber weniger als dreißig, und das nur an der Stelle, an der der Potomac zufließt.« Buckle rief: »Kurs Südwest, Sir.«

»Sehr gut.«

Bolitho beobachtete, wie das am nächsten liegende Festland von Cape Charles seinen bronzenen Kamm verlor, als die Sonne endgültig hinter der Hügellinie verschwand.

»Lassen Sie klar zum Gefecht machen, Mr. Tyrell. Sicherheit geht vor.«

Er überlegte sich kurz, was Farr wohl dachte, als er dem Schatten der *Sparrow* in Richtung auf die dunkle Landmasse zu folgen versuchte. Zweifel, Bedauern, vielleicht sogar Mißtrauen. Man konnte es ihm kaum verdenken. Es war, als ob man in einem dunklen Keller Kohlen suchte.

Unter seinen Schuhen fühlte er die unter den hastenden Seeleuten bebenden Planken, das Donnern der Zwischenwände, die niedergerissen wurden und das Quietschen der Messetische, die von den Taljen und Geschützen weggezogen wurden. Dies war noch ein Unterschied, den er auf der *Sparrow* festgestellt hatte. Jedes »Klarschiff zum Gefecht« hatte eine bestimmte Intimität, die es auf einem Linienschiff nicht gab. Auf der *Trojan* waren die Mannschaften an ihre Plätze geeilt, angetrieben vom Stakkato der Trommeln und dem Klang des Signalhorns. Manchmal kannte man die Männer nicht einmal, wenn sie nicht in der eigenen Wache oder Abteilung dienten. Hier aber war es ganz anders. Die Männer nickten einander zu, als sie zu ihren Stationen rannten, hier ein Grinsen, dort ein kurzer Händedruck. In vieler Hinsicht wurde dadurch der Tod schwieriger zu akzeptieren, die Schreie eines Mannes zu persönlich, um sie zu ignorieren.

140

»Klarschiff zum Gefecht, Sir.«

»Gut.« Bolitho griff in die Wanten und blickte auf die winzigen federgleichen Brandungswellen weit querab. »Ändern Sie den Kurs um einen weiteren Strich.«

»Aye, Sir.« Buckle murmelte mit seinen Rudergängern, dann: »Südwest zu Süd, Sir.«

»Halten Sie den Kurs.«

Er ging ruhelos unter dem großen Besansegel hin und her, sah das schwache Glühen des Kompaßgehäuses am Baum.

Es waren schon viele Sterne am samtenen Himmel, und in einigen Stunden würde der Mond auf's Wasser scheinen. Aber dann mußte er schon in der Bucht sein.

Tyrell kam zu ihm an das Steuerrad. »Es ist ein komisches Gefühl. Meine Schwester wird kaum mehr als fünfzig Meilen von der Stelle entfernt sein, auf der ich stehe. Ich kann mich noch ganz genau erinnern. Der York River, das Plätzchen im Wald, wo wir als Kinder zusammen hinzugehen pflegten...« Er drehte sich um und sagte scharf: »Lassen Sie einen Strich abfallen, Mr. Buckle! Mr. Bethune, nehmen Sie einige Leute mit nach vorne und trimmen Sie das Focksegel nochmals!« Er wartete, bis er mit der Stellung des Schiffs zur nächsten Landzunge zufrieden war, und fuhr fort: »Es ist wirklich rundherum komisch.«

Bolitho stimmte zu.

Nach den ersten Wochen hatte er nicht viel an Susannah Hardwicke gedacht. Jetzt, als er sich das unbekannte Mädchen vorstellte, draußen in der Dunkelheit hinter dem gelegentlich aufzuckenden Geschützfeuer, wurde ihm klar, wie sehr sie miteinander verbunden worden waren. Tyrells Schwester und Graves' geheime Sehnsucht nach ihr. Dalkeiths Ehrenhändel, der ihn seine Karriere und fast sein Leben gekostet hatte. Und er selbst? Er war überrascht festzustellen, daß er sich noch immer nicht ohne Bedauern und ein Gefühl des Verlustes erinnern konnte.

Als er wieder aufschaute, bemerkte er, daß Cape Charles schon im Schatten untergetaucht war. Ein schneller Blick auf Tyrell beruhigte ihn. Er schien entspannt zu sein, sogar fröhlich, wie er so auf einem Platz stand, von dem aus er den Kompaß und die Trimmung des Besansegels über sich sehen konnte. Wenn diese tückische Untiefe nicht gewesen wäre, hätten sie mit vier Meilen

Platz auf jeder Seite frech zwischen den beiden Kaps hindurchsegeln können.

Tyrell sagte: »Wir werden mit Ihrer Erlaubnis den Kurs wieder ändern, Sir.«

»Das Schiff ist in Ihren Händen.«

Tyrell grinste. »Aye, aye, Sir.« Er rief zu Buckle hinüber: »Steuern Sie genau West zu Nord!«

Er formte mit den Händen einen Trichter und schrie: »Alle Mann an die Brassen!«

Mit gelegtem Ruder, die Seeleute zerrten an den Brassen, drehte die *Sparrow* ihren Bug auf das Land zu. Stimmen riefen im Dunst, und über den Decks bewegten sich die blasseren Schatten von Armen und Beinen geschäftig in den Rahen.

»West zu Nord, Sir!« Buckle spähte zu den flappenden Segeln hinauf, als das Schiff noch mehr herumschwang, hart auf Steuerbordkurs gesegelt.

Tyrell hinkte von Seite zu Seite, sein Arm fuhr herum, um die Aufmerksamkeit eines Mannes auf sich zu ziehen, oder seine Stimme, die einen anderen wegschickte, um die Befehle sofort nach vorne zu bringen, wo Graves ebenfalls beschäftigt war.

»Gut, Leute! Dort belegen« Er hob den Kopf hoch, als ob er dem Chor der Wanten und Fallen lauschte. »Es gefällt ihr!«

Bolitho ging zur Wetterseite hinüber und fühlte die kalte Gischt auf seinem Gesicht. Tyrell war mit dem Schoner seines Vaters schon oft durch diese Kaps gefahren. Vielleicht war es diese Erinnerung, das Bewußtsein, daß seine Schwester in Sicherheit und doch greifbar war, dies alles ließ ihn den Zweck seiner Mission vergessen, die Möglichkeit drohender Gefahr mit jeder zerrinnenden Minute.

»Brecher auf der Luvseite!« Die Stimme des Ausgucks klang nervös.

Aber Tyrell rief: »Die Brecher sollen verdammt sein! Das wird die Untiefe in der Mitte sein.« Seine Zähne schimmerten in der Dunkelheit. »So wahr ich hier stehe, wenn ich so sagen darf!«

Bolitho freute sich über seine Aufregung. *Die Brecher sollen verdammt sein!* Er hatte fast denselben Satz und Tonfall verwendet, als er seinen Degen dem Mann in den Leib rannte, der ihn neben dem Teich fast getötet hätte.

Der massive, undeutlich aufragende Rücken von Cape Henry

tauchte an Steuerbord aus der Dunkelheit auf, und einen kurzen Augenblick lang stellte sich Bolitho vor, sie wären zu nahe an Land, daß der Wind sie weiter abgetrieben hatte, als Tyrell vorausberechnete.

Er suchte mit den Augen die andere Seite und sah durch die Gischt und die tiefe Küstenbrandung einen weißen Widerschein. Die Untiefe war deutlich durch Wirbel sich brechenden Wassers markiert, aber wenn Tyrell die Annäherung falsch eingeschätzt hatte, war es jetzt zu spät, sie zu vermeiden. Tyrell schrie: »Einmal sah ich einen mächtigen feinen Holländer hier auflaufen! Hat sich das Genick gebrochen!«

Buckle murmelte: »Das ist sehr ermutigend!«

Bolitho spähte nach hinten. »Hoffentlich hat die *Heron* unsere Einfahrt gesehen.«

»Sie wird es gut schaffen.« Tyrell eilte an die Reling und betrachtete die dunkle keilförmige Landzunge. »Sie hat weniger Tiefgang und läßt sich hart am Wind besser manövrieren.« Er streichelte die Reling. »Aber die *Sparrow* ist gut genug für mich!«

»Holen Sie das Focksegel ein, bitte.« Bolitho hörte genau auf die veränderten Geräusche von See her. Der hohle Ton der Brandung gegen Felsen, das etwas tiefere Klatschen von Wasser gegen eine Höhle oder eine enge Vertiefung unter dem Festland. »Dann das Besansegel«.

Unter Topsegeln und Klüver kroch die *Sparrow* tiefer in die Bucht, ihr Bug hob und senkte sich mit Wellentälern und Wellenkämmen, die Rudergänger standen angespannt am Ruder, die Finger spürten ihren Willen fast genauso schnell wie sie selbst.

Minuten vergingen, dann eine halbe Stunde. Augen starrten angestrengt in die Dunkelheit, Männer standen reglos an den Geschützpfortentaljen und den Brassen, so fuhr die Korvette vorsichtig um das Kap herum.

Dann sagte Tyrell: »Es sind keine Schiffe hier, Sir. Lynnhaven liegt jetzt querab. Jede Schwadron vor Anker, unsere oder die Franzosen, würde jetzt irgendeine Art von Licht zeigen. Und wenn es nur wäre, um einen Feind abzuschrecken.«

»Das klingt logisch.«

Bolitho ging zur Seite, um seine Enttäuschung zu verbergen. Odell hatte recht gehabt, schriftliche Befehle zu verlangen, denn wenn Bolitho Hoods Aufenthaltsort so falsch eingeschätzt hatte, konnte er auch unrecht haben, seine eigene Position im Süden zu verlassen.

Eine Reihe von dumpfen Explosionen hallte über das Wasser, und eine helle Stichflamme, als ob versehentlich etwas Pulver abgefeuert worden wäre.

Er fuhr sich mit den Fingern durch das Haar und fragte sich, was er als nächstes tun sollte. Nach New York weitersegeln? Es schien die einzige Lösung zu sein.

Tyrell sagte ruhig: »Wenn wir vom Kap klarkommen wollen, dann schlage ich vor, daß wir jetzt über Stag gehen.« Er hielt inne. »Oder Anker werfen.«

Bolitho kam zu ihm an den Kompaß. »Dann werden wir ankern. Wir müssen Kontakt mit der Armee aufnehmen. Wenigstens die müßten wissen, was vorgeht.«

Tyrell seufzte. »Man kann sich schwer vorstellen, daß dort vor unserem Bug eine verdammt große Armee ist. Arme Teufel. Wenn sie in Yorktown sind, wie Odell informiert war, dann sind sie am richtigen Ort. Aber es wird keinen Spaß machen, wenn es zur Belagerung kommt.«

»Wir wollen keine Zeit verlieren.« Bolitho nickte Fowler zu. »Zeigen Sie wieder die Laterne. Kapitän Farr wird ankern, wenn er das Signal sieht.«

Die Royalsegel flatterten geräuschvoll, als sich die *Sparrow* gehorsam in den Wind drehte, ihr Anker warf eine Gischtfontäne auf wie ein gestörter Wassergeist.

Buckle rief: »Vorsicht mit diesem Licht, Mr. Fowler! Genug ist genug!«

Tyrell senkte die Stimme. »Das ist unwichtig. Wir wären in dem Moment gesichtet worden, an dem wir das Kap umrundeten.«

Bolitho sah ihn an. Es war nicht schwierig, sich einen hastenden Kurier oder einen Mann zu Pferde vorzustellen, der durch die Dunkelheit ritt, um vor ihrer Ankunft zu warnen. Er fühlte sich wie damals in der Delaware Bay. Abgeschnitten und eingeengt, fast ohne Kenntnis dessen, was vorging.

Tyrell sagte: »Ich könnte ein Boot nehmen, Sir. Wenn die Armee in der Stadt stationiert ist, dann werden sie am York River entlang gut abgesichert sein.« Plötzlich hörte sich seine Stimme ängstlich an. »Zum Donnerweter, diese Ruhe stört mich mehr als

Geschützfeuer! Mein Großvater war Soldat. Er brachte mir mit seinen Erzählungen von Nachtkämpfen das Gruseln bei.«

Bolitho beobachtete, wie sich die Toppsgasten auf Deck gleiten ließen, anscheinend teilnahmslos gegen die Nähe des Landes oder eines möglichen Feindes.

»Riggen Sie die Enternetze auf und laden Sie die Hälfte der Zwölfpfünder mit Kartätschen.«

Tyrell nickte. »Aye. Und ich werde auch ein paar gute Leute an die Drehbassen beordern. Es wäre sinnlos, sich von einem verrückten Bootsangriff zur Eile treiben zu lassen. Soll ich gehen?«

»Nun gut. Nehmen Sie die beiden Kutter. Mr. Graves kann den zweiten befehligen. Mr. Fowler wird mit Ihnen gehen, falls es etwas zu signalisieren gibt.«

Eine Stimme rief: »*Heron* hat Anker geworfen!«

Als aber Bolitho durch die Wanten blickte, konnte er gar nichts sehen. Der Ausguck mußte einen kurzen Blick auf ihre gerefften Topsegel geworfen haben, als sie das Kap umrundete, oder er hatte das Aufklatschen des Ankers gesehen.

Taljen ächzten und quietschten, als die beiden Kutter über die Reling gehievt wurden, danach wurden die Enternetze ausgebracht. Das konnte man getrost dem Bootsmann überlassen. Das Netz durfte nicht zu gespannt sein, damit ein wagemutiger Enterer sich nicht daran festhalten konnte, gerade so nachgebend, daß es ihn verwirrte, damit ein Bajonett oder eine Pike ihn erwischen konnte, ehe er freikam.

Männer schlurften über Deck, hier und dort hörte er das Klirren von Stahl, den dumpfen Ton der Riemen, die aus ihren Laschings gelöst wurden.

Graves kam nach vorne, seine Kniehosen leuchteten weiß in der Finsternis.

»Sie wissen, was Sie zu tun haben?« Bolitho sah sie nacheinander an. »Mr. Tyrell hat das Kommando. Umwickeln Sie die Riemen und achten Sie auf feindliche Wachen.«

Graves'Stimme klang atemlos: »Wie erkennen wir unsere eigenen Soldaten?«

Bolitho konnte sich vorstellen, wie sein Mund unbeherrscht zuckte, und war versucht, ihn an Bord zu behalten. Aber vor allem Tyrell war wichtig, er kannte das Land wie seine Westentasche. Er würde einen erfahrenen Offizier zur Unterstützung brauchen, wenn etwas schiefging.

Er hörte Tyrell ruhig antworten: »Keine Aufregung. Die Froschfresser sprechen französisch.«

Graves fuhr herum und bekam sich dann mühsam wieder in die Gewalt.

»Ich — ich habe Sie nicht um Ihren Sarkasmus gebeten! Für Sie ist das recht. Es ist Ihr Land.«

»Das genügt!« Bolitho kam näher. »Erinnern Sie sich daran, unsere Leute sind von Ihnen abhängig. Deshalb keine derartigen Streitereien.« Tyrell bewegte seinen Degen in der Scheide. »Es tut mir leid, Sir. Es war mein Fehler.« Er legte seine Hand auf Graves' Schulter. »Vergessen Sie, daß ich etwas gesagt habe — ja?«

Fowlers Stimme rief von den Booten herauf. »Boote klar, Sir!« Bolitho ging zur Reling. »Kommen Sie beim Morgengrauen zurück.« Er berührte Tyrells Arm. »Was machen die Schmerzen jetzt?« »Ich spüre kaum etwas, Sir.« Tyrell ging zurück, damit seine Leute in die Kutter einsteigen konnten. »Ein bißchen Bewegung wird mir guttun.«

Die Boote stießen ab und ruderten stetig in die Dunkelheit. Innerhalb von Minuten waren sie verschwunden, und eine aufmerksam gespannte Stille herrschte bei denen, die an den geladenen Geschützen zu beiden Seiten standen.

Bolitho suchte Stockdale und sagte: »Veranlasse, daß die Gig zu Wasser gelassen wird. Vielleicht möchte ich der *Heron* eine Botschaft senden.« Er sah Bethunes plumpe Silhouette an der Reling und fügte hinzu: »Sie nehmen die Gig und rudern um das Schiff herum. Ich werde signalisieren, wenn ich eine Botschaft überbringen lassen möchte.«

Bethune zögerte. »Ich wäre gerne mit dem Ersten Leutnant gegangen, Sir.«

»Ich weiß das.« Man konnte kaum glauben, daß inmitten all dieser Verwirrung Bethune es fertigbrachte, die Wahl von Fowler als persönliche Beleidigung aufzufassen. »Er ist sehr jung. Ich brauche alle *Männer*, die ich bekommen kann, um das Schiff zu führen.« Es war eine lahme Erklärung, aber sie schien zu genügen.

Unter dem Sternenhimmel war es kühl, eine kleine Erleichterung nach der Hitze des Tages. Bolitho teilte die Männer in kurze Wachen ein, so daß diejenigen, die nicht im Ausguck oder an den Geschützen waren, einige Momente ausruhen konnten.

Die Offiziere wechselten sich ebenfalls mit der Wache ab, und als er von Heyward abgelöst wurde, hockte sich Bolitho an den Großmast und stützte den Kopf in beide Hände.

Er merkte, wie jemand sein Handgelenk faßte, und wußte, daß er eingeschlafen war.

Heyward kauerte neben ihm, seine Stimme war ein aufgeregtes Flüstern. »Ein Boot nähert sich, vielleicht auch zwei.« Bolitho richtete sich auf, Heywards Worte schwirrten ihm durch den Kopf. Sicherlich kamen sie nicht schon zurück. Sie konnten noch nicht einmal den ersten Teil ihres Bestimmungsortes erreicht haben.

Heyward sagte: »Es ist nicht die Gig, sie ist hinten an Steuerbord.«

Bolitho hielt beide Hände an die Ohren. Außer dem Schwappen des Wassers längsseits hörte er Riemen und das Quietschen der Pinne.

Ein Bootsmannsmaat fragte: »Soll ich anrufen, Sir?«

»Nein.« Warum hatte er das gesagt? »Noch nicht.«

Er strengte seine Augen an und versuchte, die eintauchenden Riemen zwischen den kleinen Wellenkämmen in der Bucht auszumachen. Es mußte Tyrell sein, der zurückkam, denn das Boot kam genau auf das Schiff zu, ohne Vorsicht oder Zögern.

Ein kleiner Strahl Mondlicht zog ein Wellenmuster über das Wasser, und als er hinblickte, glitt ein Langboot hinein, die Riemen bewegten sich ohne Hast.

Ehe es wieder im Schatten verschwinden konnte, sah Bolitho das Aufblitzen von Lederzeug, einige Soldaten mit Tschakos, die sich im Heck zusammendrängten.

Heyward stieß heiser hervor: »Heiliger Gott, es sind Franzosen!«

Der Bootsmannsmaat flüsterte: »Es ist noch einer hinter ihnen!«

Überlegungen und unglaubliche Ideen flogen Bolitho durch den Kopf, als er die langsame Annäherung des Bootes beobachtete.

Tyrell und seine Männer gefangen und zur Unterhandlung zurückgebracht. Die Franzosen, die kamen, um mitzuteilen, daß sie Yorktown genommen hatten, und verlangten, daß sich die *Sparrow* ergebe.

Er ging schnell zur Gangway hinüber und formte seine Hände zu einem Trichter und rief auf französisch:

»Ohé! Boot! Wer da?«

Auf dem Boot redeten Stimmen durcheinander und er hörte jemand lachen.

Zu Heyward sagte er hastig: »Schnell, rufen Sie die Gig zurück! Wenn wir ein bißchen Glück haben, werden wir uns diese Kerle schnappen!«

Das erste Boot kam bereits längsseits, und Bolitho hielt den Atem an, halb erwartete er, daß einer seiner eigenen Leute feuern würde.

Aus einem Augenwinkel sah er einen Gischtspritzer und dankte Gott, daß die Mannschaft der Gig ihre Nerven behalten hatte. Sie ruderte um das Heck herum, und er konnte sich gut vorstellen, wie Stockdale seine Männer anfeuerte, mit aller Kraft zu pullen.

Heyward kam zurück, die Signallaterne immer noch in der Hand. Bolitho schrie: »*Jetzt*«!

Als die ersten Männer auf dem Fallreep erschienen und sich unsicher an den Netzen festhielten, sprang eine Reihe Seemänner mit erhobenen Musketen an die Reling, während Glass, der Bootsmann, eine Drehbasse herumschwang und sie drohend ausrichtete. Viele Stimmen schrien im Chor, und eine Muskete spuckte Feuer in die Nacht. Die Kugel schlug in der Reling ein und zog eine wilde Gewehrsalve von Heywards Scharfschützen nach sich.

Glass richtete die Drehbasse nach unten und zog an der Abzugsschnur, verwandelte das übervolle Boot in eine schreiende, blutige Masse.

Das war mehr als genug für das zweite Boot. Das Krachen der Musketen, der verheerende Kartätschenhagel aus Glass' Drehbasse genügten, um die Riemen bewegungslos zu machen. Kaum ein Mann bewegte sich, als die Gig längsseits kam und festmachte. Über das aufgewühlte Wasser hinweg brüllte Stockdale: »Geschafft, Sir!« Nach einer Pause rief er nochmals: »Es sind ein Dutzend englische Gefangene in diesem hier!«

Bolitho drehte sich um, ihm wurde übel. Er sah, wie Dalkeith und seine Maaten zu dem Boot längsseits hinunterkletterten, und stellte sich vor, was sie dort für wimmernde Wesen finden würden. Es hätte genausogut das zweite Boot gewesen sein können, und dann hätten die Kartätschen sich ihren blutigen Weg unter den eigenen Leuten gegraben.

Er sagte heiser: »Holen Sie diese Leute an Bord, Mr. Heyward. Dann senden Sie die Gig zur *Heron*. Farr wird sich fragen, was zum Teufel wir hier machen.«

Er wartete an der Schanzkleidpforte, als die ersten verwirrten Männer an Bord gestoßen oder gehievt wurden, vorbei an den hochgehobenen Enternetzen. Die zweite Bootsladung, sowohl die Franzosen als auch die Engländer, kamen mit offensichtlicher Erleichterung. Die Franzosen, weil ihnen das Blutbad ihrer Kameraden erspart geblieben war; die englischen Rotröcke hatten verschiedene Gründe, aber ihr erstaunter Unglaube war mitleiderregend anzusehen.

Zerlumpt und schmutzig sahen sie eher wie Vogelscheuchen als wie ausgebildete Soldaten aus.

Bolitho sagte: »Bringen Sie die Gefangenen hinunter, Mr. Graves.« An die Rotröcke gewandt fügte er hinzu: »Keine Angst. Dies ist ein Schiff des Königs.«

Ein junger Fähnrich trat vor und rief: »Ich danke Ihnen, Kapitän! Wir alle danken Ihnen.«

Bolitho ergriff seine Hand. »Sie werden hier soviel Ruhe und Hilfe wie möglich finden. Zuerst aber muß ich wissen, was hier geschieht.«

Der Offizier rieb sich die Augen mit den Knöcheln. »Wir wurden vor einigen Tagen gefangengenommen. Es war ein Scharmützel mit einer Ihrer Patrouillen. Die meisten meiner Männer wurden getötet.« Er wiegte sich hin und her. »Ich kann es immer noch nicht glauben, daß wir gerettet sind...«

Bolitho fragte weiter: »Hält General Cornwallis Yorktown?« »Ja. Aber ich nehme an, daß Sie wissen, Sir, daß Washington und der französische General, Rochambeau, den Hudson vor einigen Wochen überquert haben, um zur Chesapeake Bay zu kommen. Sie haben um Yorktown herum eine große Armee versammelt. Eine Muskete hinter jedem Baum. Aber als wir hörten, daß eine englische Schwadron in die Bucht eingefahren war, dachten wir, wir wären gerettet. Ich verstehe etwas französisch und hörte die Wachen über ihre Ankunft sprechen.«

Heyward sagte: »Hoods Schiffe.«

Bolitho nickte. »Wann war das?«

Der Fähnrich zuckte die Schultern. »Vor drei Tagen. Ich habe das Zeitgefühl verloren.«

Bolitho versuchte, nicht auf die mitleiderregenden Schreie zu hören. Vor drei Tagen. Das paßte zu dem, was Odell berichtet hatte.

Hood war wahrscheinlich nur kurz in die Bucht eingefahren, hatte kein Zeichen von de Grasse gefunden und war nach New York weitergesegelt.

Der Fähnrich fügte schwach hinzu: »Die Franzosen erwarten ihre eigene Flotte. Deshalb, als jemand sie in ihrer eigenen Sprache anrief ...«

»*Was?*« Bolitho packte ihn am Arm, seine Stimme war hart trotz der Verfassung des Mannes. »Erwarten ihre eigene Flotte?«

Der Fähnrich starrte ihn an. »Aber ich dachte ... ich stellte mir vor, daß unsere Schiffe weggefahren waren, um gegen Sie zu kämpfen, Sir!«

»Nein.« Er ließ seinen Arm los. »Ich fürchte, daß es zu spät sein wird, wenn sie in New York ankommen und ihren Fehler entdecken.«

»Dann ist die Armee verloren, Sir.« Der Fähnrich ging unsicher zur Reling. »All dies.« Er schrie über das dunkle Wasser.

»Alles für *verdammt garnichts!*«

Dalkeith erschien an Deck und nahm mit einem kurzen Nicken den Arm des Offiziers.

Bolitho sagte: »Pflegen Sie sie gut für mich.«

Er wandte sich ab. Sie würden sehr bald wieder Gefangene sein, wenn er nicht entschied, was zu tun war.

Buckle beobachtete ihn besorgt. »Was ist mit Mr. Tyrell, Sir?«

»Glauben Sie denn, ich hätte nicht an ihn gedacht?« Er sah, wie Buckle zurückzuckte. »Wir werden sofort die *Heron* benachrichtigen. Wenn Farr heute nacht klarkommen kann, muß er Admiral Graves die Neuigkeiten bringen. Vielleicht ist es noch Zeit.«

Er sah den Zahlmeister an einer Luke lehnen. »Holen Sie etwas Papier, ich werde eine Nachricht für Farr schreiben.«

Zu Buckle gewandt fügte er hinzu: »Es tut mir leid, wenn ich Sie beleidigt habe. Es war eine berechtigte Frage.«

Er blickte auf das Land. »Wir werden beim ersten Tageslicht Anker lichten und näher an die Küste heranfahren. Machen Sie die Riemen fertig, falls uns der Wind verläßt. Ich werde Tyrell und seine Männer nicht kampflos aufgeben.«

Nur die Tapferen

Stockdale watschelte über das Achterdeck und hielt ihm einen Zinnkrug hin.

»Hier, Sir, etwas Kaffee.«

Bolitho nahm den Krug und hielt ihn an die Lippen. Der Kaffee war kaum warm, nahm ihm aber die Trockenheit im Hals.

Stockdale fügte heiser hinzu: »Das Feuer in der Kombüse war gelöscht, also mußte ich ihn auf einer Laterne in der Waffenkammer aufwärmen.«

Bolitho nickte ihm zu. War es Einbildung oder wurden Stockdales Züge im Dämmerlicht ausgeprägter? Er zitterte. Es war wahrscheinlicher, daß er zu lange an Deck geblieben war, wartete und überlegte. Es konnte jedoch nichts Gutes dabei herauskommen, wenn er auf Deck hin- und herging und seine Ideen wieder und wieder überdachte.

»Das war eine gute Idee.« Er gab ihm den Krug zurück. »Ich fühle mich jetzt wach.«

Er spähte hinauf zur Takelage und den zusammengerollten Segeln. Die Sterne waren noch da, aber blasser. Das war keine Einbildung.

»Wo steht der Wind?«

Stockdale überlegte sich die Frage. »Wie vorher, Sir. Nord-Nordwest, wenn ich mich nicht irre.«

Bolitho biß sich auf die Lippe. Er hatte schon beschlossen, daß es so war. Stockdale hatte gewöhnlich recht, aber seine Bestätigung half nicht viel.

Er sagte: »Geh und hol den Steuermann. Er ist beim Niedergang.«

Buckle sprang bei Stockdales erster Berührung hellwach auf die Beine.

»Was gibt es? Ein Angriff?«

»Langsam, Mr. Buckle.« Bolitho führte ihn an die Reling. »Der Wind ist abgefallen, aber noch immer zu weit Nord, um uns zu helfen.«

Der Steuermann sagte nichts und wartete ab, was der Kapitän vorhatte.

»Wenn wir irgend etwas nützen sollen, dann müssen wir höher in die Bucht hineinfahren. Es würde Stunden dauern, immer hin- und herkreuzen, und unsere Mühe würde kaum belohnt. Wenn wir aber hier vor Anker liegenbleiben, können wir weder dem Ersten Leutnant noch uns selbst helfen, wenn der Feind kommt.«

Buckle gähnte. »Das stimmt.«

»Rufen Sie also alle Leute und lassen Sie die Riemen auslegen. Wir werden sofort aufbrechen und nicht auf die Dämmerung warten.«

Buckle zog seine Uhr heraus und hielt sie gegen das Licht des Kompasses.

»Hm. Es wird hart werden, Sir. Aber die Strömung wird nicht zu sehr gegen uns sein.«

Er ging zu den Wanten hinüber und stieß eine dunkle Gestalt, die friedlich auf den bloßen Planken schlief.

»Hoch, Junge! Sage Mr. Glass, er soll die Leute rufen. Vorwärts!«

Bolitho ging rasch in seine Kajüte und konzentrierte sich einige Minuten lang auf seine Seekarte. Er erinnerte sich an das, was Tyrell ihm gesagt hatte, fügte die ihm bekannte Information dazu und entschied sich für seinen Plan. Über der Kabine hörte er das Trampeln der Füße am Ankerspill, das regelmäßige Klicken des Pallkranzes, als das Ankertau an Bord gezogen wurde.

Er zog seinen Rock an und befestigte das Degengehenk. Wie seltsam die Kajüte im einsamen Licht der Laterne aussah. Klar zum Gefecht wie das übrige Schiff, die Geschütze ächzten leise hinter ihren geschlossenen Pforten, Pulver und Munition, Ladestöcke und Rohrwischer, alles in Reichweite. Aber niemand stand daneben, denn wie die restlichen Männer vom Geschützdeck wurden alle benötigt, um den Anker zu lichten und die Riemen zu bemannen. Die letzteren hatten sie schon einmal aus der Gefahr gerettet. Diesmal konnten sie es vielleicht für Tyrell und seine Männer tun.

Er verließ die Kajüte und rannte leichtfüßig die Leiter hinauf.

Es war heller, darüber bestand kein Zweifel. Eine Art grauer

Schleier über Cape Henry, und er konnte die Strömungen etwas entfernt vom Rumpf gut erkennen.

Er sah die langen Riemen auf jeder Seite über das Wasser ausschwingen, die Männer darum versammelt, ruhig unterhielten sie sich, während sie auf einen Befehl von achtern warteten.

Heyward berührte seinen Hut. »Anker ist kurzstag, Sir.« Seine Stimme klang gespannt und sehr vorsichtig.

Bolitho ging von einer Seite zur anderen und beobachtete die Bewegung seines Schiffes zur Küste hin, das Kräuseln des Wassers unter den Fallreeps.

»Nun, wie fühlt man sich? Vom Fähnrich zum Ersten Leutnant fast ohne Wartezeit?«

Er hörte Heywards Antwort nicht und wußte, daß er die Frage nur gestellt hatte, um seine eigene Unruhe zu verbergen. Wenn die Männer die Herrschaft über die Riemen verloren, mußte er sofort ankern. Und selbst dann könnte er noch zu weit zur Küste abgetrieben werden.

Von vorn hörte er Bethunes Schrei »Anker los, Sir!« Die Männer eilten vom Ankerspill den Ruderern zu Hilfe. Dann Glass' Stimme, »Stützt Riemen!«

Bolitho krampfte seine Hände ineinander, bis die Finger fast brachen. Warum in drei Teufels Namen wartete er so lange? Das Schiff würde jeden Moment auf Grund laufen. »Riemen an!«

Die Riemen schwangen vorwärts, tauchten ein und kamen langsam nach achtern.

Hinter sich hörte Bolitho, wie das Steuer langsam freikam, und Buckle's leises Fluchen — seine eigene Art, die Spannung zu ertragen. Glass hatte recht gehabt, bei diesem ersten Riemenschlag sicherzugehen. Aber es war eine Sache, dies zu wissen, und eine andere, angesichts der Gefahr für sein Schiff ruhig zu bleiben.

Hoch und nieder, von vorn nach achtern, knarrten die Riemen geschäftig aber ohne unnötige Hast, bis endlich Buckle rief: »Steuerung spricht an, Sir!«

»Gut. Steuern Sie Kurs Nord, bitte.«

Heyward zog seinen Rock aus. »Ich werde gehen und helfen, Sir.«

»Ja. Passen Sie auf, daß jeder verfügbare Mann arbeitet. Auch diese Rotröcke, wenn sie die Kraft haben.« Er hielt ihn zurück, als er zur Leiter laufen wollte. »Übrigens besteht keine Notwendigkeit, den Soldaten zu erzählen, daß wir dem Feind *entgegen* fahren, Mr. Heyward!« Er sah ihn grinsen. »Das werden sie früh genug erfahren.«

Buckle und ein einzelner Matrose standen am Steuer, und Bolitho ging schweigend zur Heckreling. Er sah die nächste Landzunge jetzt klarer, das Muster der Wellenkämme am Ufer, wo sie eine kleine Bucht markierten. Ein einsamer Ort. Wenn es Tag würde, und es sich herausstellte, daß die *Heron* verschwunden war, würden seine Männer seine Handlungsweise in Frage stellen, und dies zu recht. Wenn aber ihre Gegenwart dem Admiral etwas nützen sollte, dann mußten sie alles erfahren.

Die befreiten Soldaten hatten ihnen viel erzählt. Aber es konnte sich seit ihrer Festnahme vieles geändert haben. Er lächelte grimmig. Er machte sich selbst etwas vor. Wenn nicht Tyrell und die anderen gewesen wären, wäre er dann wirklich in der Bucht geblieben?

Er hörte Schreie an Deck und jemand französisch sprechen. Heyward war mehr als ein guter Kamerad, er erwies sich als ausgezeichneter Offizier. Ohne weiter zu fragen, und auf das Risiko hin, seinem Kapitän zu mißfallen, hatte er die französischen Gefangenen freigelassen und ließ sie mitarbeiten. Da es lauter kräftige starke Soldaten waren, die ein verhältnismäßig ruhiges Leben als Bewacher von Gefangenen geführt hatten, würden sie an den schweren Riemen den kleinen aber entscheidenden Unterschied machen.

Einige Möwen erhoben sich ärgerlich kreischend vom Wasser, wo sie geschlafen hatten, als die *Sparrow* langsam aber stetig durch sie hindurchkroch. Die Zeit zog sich dahin, und Bolitho sah, daß die Röcke der Soldaten wieder rot waren anstatt schwarz, wie sie in der Dunkelheit ausgesehen hatten. Die Gesichter gewannen Gestalt, und er konnte unterscheiden, wer der Anstrengung standhielt und wer häufiger ausgewechselt werden mußte, um Atem zu schöpfen.

Ein dunkler Schatten ragte auf und blieb über Steuerbord sichtbar. Er entschied, daß das die innere Seite von Cape Charles sein müßte, mit Tyrells Untiefe in einiger Entfernung darunter.

»Gehen Sie einen Strich höher, Mr. Buckle.« Er hörte das Ruder quietschen. »Wir müssen das Kap mit dem Festland auf steuerbord passieren. Es wird nicht allzuviel Wasser im Kanal sein, also halten Sie das Schiff ruhig.«

»Aye, Sir. Kurs Nord zu Ost!«

Das Schiff lag fast direkt im Wind, und er konnte ihn auf seinem Gesicht fühlen, das Land und die Frische der Morgenluft riechen. So war es aber besser geschützt, und er war erleichtert, die Riemen im Einklang eintauchen zu sehen, obwohl die tatsächliche Fahrt wahrscheinlich weniger als einen Knoten betrug.

Er suchte nach dem jungen Fähnrich und rief ihn nach achtern. Er kam keuchend auf dem Achterdeck an, und Bolitho sagte: »Schauen Sie hinüber. Wie nahe sind Ihre Posten?« Der Soldat spähte über die Backbordwanten und hob einen Arm.

»Dieses Landstück. Das wird der Wendepunkt sein. Es gibt eine Menge Sand dort. Wir haben vor einigen Wochen mehrere Barken verloren, als sie auf Grund liefen. Nach etwa einer Meile oder etwas weiter können Sie die Mündung des York River hinter ein paar kleinen Inseln sehen.«

Bolitho lächelte. »Ich nehme an, daß Sie überrascht sind über die Richtung, in der wir fahren.«

Der Fähnrich zuckte die Schultern. »Ich bin über Überraschungen hinaus, Sir.« Er zuckte zusammen. »Ich habe ein Signalhorn gehört. Das werden unsere Kameraden sein.« Er umspannte die Reling mit seinen Händen, sein Gesicht angespannt. Dann kam ein langgezogener Trompetenstoß, der eine Wolke von Möwen flügelschlagend und kreischend vom Land auffliegen ließ. Er sagte: »Das sind die Franzosen. Immer eine Minute nach unserem Wecken.«

Bolitho versuchte, ihn aus seiner Stimmung zu reißen. »Und was machen die Amerikaner?«

Der Offizier seufzte. »Sie haben Artillerie drüben über dem Fluß. Sie werden beim Morgenlicht anfangen zu kämpfen. Viel wirkungsvoller als alle verdammten Hörner!«

Bolitho wandte sich an Buckle. »Wir werden auf diesem Kurs bleiben, solange unsere Leute die Kraft dazu haben. Der Wind wird uns günstig sein, wenn wir dann über Stag gehen, aber ich möchte so weit wie möglich den York River hinaufkommen.«

Er blickte nach oben und sah zum erstenmal den Masttopstander. Er flappte leise achteraus, zeigte aber nicht warnend einen auffrischenden Wind an. Wenn er jetzt stärker würde, könnten seine Männer den Schlag nicht halten. Sogar mit Tyrells Bootsmannschaften wäre es hart gewesen, ohne sie unmöglich.

Als er querab schaute, sah er die überhängende Landzunge von Cape Charles, und weit dahinter, wie einen dünnen goldenen Faden, den Horizont. Er zeigte sich der Sonne, die in Sicht kam und See von Himmel, Nacht von Tag trennte.

Es gab einen gedämpften Knall, und Sekunden später sah er die bedeutungsvolle weiße Gischtfontäne zur Bezeichnung der Stelle, an der die Kugel in der Bucht aufgeschlagen war.

Der Fähnrich bemerkte ungerührt: »Auf diese Entfernung werden sie Sie nie erreichen. Sie haben gut eine halbe Meile Spielraum.«

»Wo ist die Batterie?«

Der Soldat betrachtete ihn neugierig. »Überall, Sir. Es sind überall in diesem Gebiet Geschütze. Yorktown und seine Umgebung sind in einen Eisenring gelegt. Unsere Armee hat die See im Rücken.« Plötzlich sah er sehr jung und verletzbar aus. »Nur die Flotte kann uns retten.«

Bolitho stellte sich vor, wie die *Heron* von Farr in aller Eile nach New York fuhr. Selbst dort könnte er Hood schon nicht mehr antreffen, vielleicht war er bereits nach Newport gefahren, um de Barras aufzuhalten.

Er dachte auch an Odell und seine einsame Wache auf seiner *Lucifer*. Wenn die Franzosen am wenig benützten Bahama-Channel vorbeikamen, würde er keine Aufforderung brauchen, um Segel zu setzen und schnell wegzulaufen.

Er blinzelte, als ein Sonnenstrahl über das entfernte Kap spielte und die Rahen und Spieren honigfarben auflleuchten ließ. Er zog seine Uhr heraus. Bis zum jetzigen Zeitpunkt dürfte Tyrell seinen Kontakt mit den Wachposten von Cornwallis gemacht haben und auf dem Weg zurück nach Lynnhaven sein. Durch das Ankerlichten und Rudern würde ihr Zusammentreffen mindestens eine Stunde eher stattfinden.

Glass rannte die Leiter herauf, er keuchte vor Anstrengung. »Ich kann sie nicht viel länger halten, Sir.« Er blickte auf die Riemen hinunter, auf ihr träges Auf und Ab. »Soll ich sie das Tauende spüren lassen?«

»Das werden Sie nicht tun.« Bolitho schaute weg. Glass war nicht bösartig, noch war er für unnötige Härte. Er wußte einfach nicht, was er sonst hätte tun sollen. »Sagen Sie es ihnen. Noch eine halbe Stunde, dann werden wir Segel setzen oder ankern.«

Glass wand sich unbeholfen. »Es wäre besser, wenn Sie es sagen, Sir.«

Bolitho ging zur Reling und rief: »Noch eine Drehung des Stundenglases, Leute!« Er hörte Stöhnen, die mit Seufzern gemischten Flüche derer, die durch den Schatten verborgen waren. »Entweder das oder unsere Leute da draußen sich selbst überlassen. Denkt daran, es hättet ihr sein können!«

Er drehte sich um und wußte nicht, ob seine Worte etwas anderes als Bedauern hervorgerufen hatten.

Glass beobachtete kritisch und spuckte dann in die Hände. »Das war genau das Richtige! Schon besser!«

Bolitho seufzte. Der Schlag sah genauso träge aus wie vorher, aber wenn der Bootsmann zufrieden war, dann...

Er schwang herum, als eine Stimme rief: »Boot, Sir! Genau backbord voraus!«

Bolitho klammerte sich an die Reling. »Nur eines?«

»Aye, Sir.«

»Gehen Sie zwei Strich auf Backbord.«

Bolitho versuchte, nicht an das fehlende Boot zu denken. Er spürte, wie der Rumpf ächzte, der Schlag aussetzte, als das Ruder herüberkam.

Der Soldat sagte ruhig: »Nicht näher, ich bitte Sie. Sie werden demnächst in der Reichweite der Kanonen sein.« Bolitho ignorierte ihn. »Pullt, Leute! Vorwärts, gebt Euer Letztes!«

Ein Mann fiel erschöpft von der Ruderbank und wurde von Dalkeith weggezogen.

Der Ausguck schrie: »Es ist der zweite Kutter, Sir. Mr. Graves!«

Dalkeith zog sich die Leiter hinauf und stand an der Reling. »Ich *weiß*, was Sie jetzt denken, Sir.« Er zuckte nicht unter Bolithos kaltem Blick zusammen. »Er würde Sie nie verlassen. Nicht um alles in der Welt.«

Bolitho schaute über seine Schulter auf ein Stück Land. Im stärker werdenden Licht sah er große Bäume und dahinter einen runden Hügel. Sie lagen bewegungslos. Die Riemen hielten die *Sparrow* nur gegen Wind und Strömung. In einer Minute würden sie locker lassen und zur Küste hin abtreiben. Sie hatten ihr Bestes getan. Es war nicht genug.

Er sagte scharf: »Zum Teufel, Mr. Dalkeith! Ich lasse mich von Ihnen nicht belehren!«

Er lehnte sich über die Reling. »Mr. Heyward! Klar zum Anker werfen!«

Bolitho wartete, während die Männer dem Befehl Folge leisteten und Glass andere nach unten sandte, um die schlagenden Riemen zu halten, wo ausgepumpte Seemänner auf Deck gefallen waren. Er hörte einen Knall und sah eine Kugel über das Wasser heranpfeifen und sehr nahe bei dem herankommenden Kutter eine Wasserfontäne aufwerfen. Das Boot kam schnell auf ihn zu, und er konnte Graves an der Pinne sehen, sein Hut hing schief, als er seinen Rudergängern den Takt angab.

»Fertig, Sir.«

Er gab mit dem Arm das Zeichen. »Fallen Anker!«

Als der Anker gerade am Grund griff und der Rumpf sorglos am Kabel hing, schrie er: »Riemen einziehen! Mr. Glass, *bringen Sie diese Leute auf die Beine!*«

Dalkeith blieb fest. »Sie können nichts dafür, Sir.« Er hielt Bolithos Blick ruhig stand. »Sie können mich verfluchen, wenn Sie wollen, aber ich werde nicht danebenstehen und zuschauen, wie sie sich quälen!«

Der Kutter hatte am Fallreep angelegt, und er hörte Graves den Männern an Deck zurufen, die Leinen festzumachen.

Er sagte ruhig: »Danke für Ihre Besorgnis. Es ist aber niemand anders *da*, der verantwortlich sein könnte.«

Er zwang sich zu warten, bis Graves an Bord geklettert war, dann rief er scharf: »Kommen Sie bitte nach achtern! Der Bootsmann kann sich um den Kutter kümmern!«

Graves eilte auf ihn zu, sein Gesicht zuckte heftig.

Bolitho fragte: »Wo sind die anderen?« Er hielt seine Stimme sehr ruhig, doch war er sich bewußt, daß sein ganzes Wesen in Graves' betroffenes Gesicht schrie.

»Wir liefen bei einigen Untiefen auf Grund, Sir. Beide Boote trennten sich. Es war die Idee des Ersten Leutnants. Eine Soldatenpatrouille hatte signalisiert, wo wir die Boote an Land bringen sollten, es gab aber eine Schießerei. Ich vermute feindliche Scharfschützen.«

»Und dann?« Er konnte die anderen in der Nähe Stehenden fühlen, sah Heywards eisigen Gesichtausdruck, als er Graves' schnellem sprunghaftem Bericht lauschte.

»In der Dunkelheit versuchten wir alle Schutz zu finden. Ich verlor einen Mann, und Tyrell sandte uns eine Botschaft, in einem Bachbett versteckt zu bleiben.« Er schüttelte vage seinen Kopf. »Die Kugeln flogen aus allen Richtungen. Tyrell wollte einen der Offiziere sprechen. Sie wußten offensichtlich, daß wir kommen würden. Ihre Posten hatten uns gesehen.« Sein Mund zuckte unkontrolliert. »Wir blieben da und warteten, dann wurde das Feuer stärker, und ich hörte Männer durch die Büsche hasten, es mußte ein ganzer Zug oder noch etwas größeres gewesen sein!«

»Haben Sie nicht daran gedacht, Mr. Tyrell zu Hilfe zu eilen?« Graves starrte ihn mit leeren Augen an. »Wir waren in Lebensgefahr! Ich sandte Fowler, um die anderen zu finden, aber...«

»Sie taten *was?*« Bolitho streckte die Hand aus und faßte ihn am Rock. »Sie haben diesen Jungen ganz allein geschickt?« »Er meldete sich freiwillig, Sir.« Graves blickte zu Bolithos Hand auf seinem Rock. »Als er nicht zurückkam, beschloß ich« — er hob seine Augen, hatte seine Fassung wiedererlangt — »Ihren Befehlen zu gehorchen und mich zum Schiff zurückzuziehen.«

Bolitho ließ ihn los und wandte sich ab. Es war ihm übel, und er war entsetzt über das, was Graves getan hatte. Die pathetische Verteidigung des Leutnants machte es fast noch schlimmer, wenn das möglich war. Er hatte seinen Befehlen gehorcht. Daher war sein Verbrechen annehmbar.

Eine Rauchwolke stieg von der nächsten Landzunge auf, und er sah die Kugel innerhalb einer halben Kabellänge vom Schiff einschlagen. Sogar jetzt noch könnte irgendein Offizier ein stärkeres Geschütz anfordern. Eines, das mit einem so vielversprechenden Ziel kurzen Prozeß machte.

Er hörte sich selbst sagen: »Sagen Sie Mr. Yule, er soll das Backbordbuggeschütz ausrennen und auf den Geschützrauch richten. Er soll mit Kartätschen schießen, bis er einen anderen Befehl erhält. Vielleicht wird das ihren Eifer dämpfen.«

Er ging an Graves vorbei, ohne ihn eines Blickes zu würdigen. »Bemannen Sie sofort den Kutter.« Er schaute auf die schweigenden Seeleute auf dem Geschützdeck hinunter. »Ich möchte Freiwillige für...« Er schluckte, als alle Männer geschlossen auf ihn zukamen, als ob sie an Drähten gezogen würden. »Danke. Nur eine Bootsmannschaft. Mr. Glass, erledigen Sie das sofort.«

Zu Heyward sagte er: »Sie werden hierbleiben.« Er schaute Graves nicht an. »Wenn ich fallen sollte, werden Sie dem Steuermann helfen, das Schiff in Fahrt zu bringen, verstanden?« Heyward nickte, seine Augen waren so groß wie sein Gesicht. Dalkeith berührte seinen Arm. »Sehen Sie, Sir!«

Es war der andere Kutter, oder was noch davon übrig war. Selbst in diesem schwachen Licht konnte man das zersplitterte Dollbord erkennen, die paar übriggebliebenen Riemen, die ihn so sehr langsam in dem unruhigen Wasser vorwärtsbrachten.

Noch ein Krachen und eine weitere Wasserfontäne spritzte genau hinter ihnen himmelwärts. Das versteckte Geschütz hatte ein kleineres aber näheres Ziel gefunden.

Bolitho zuckte zusammen, als Yules Mannschaft den ersten Schuß von vorne abgab, sah die Bäume wie im Sturm erzittern, als die geballten Kartätschen auf die verwehende Rauchwolke zuschossen.

»Ein Fernrohr!«

Er wagte kaum, es an die Augen zu heben. Dann sah er den Kutter, die von Musketenkugeln herrührenden Schrammen in der Seite, die schlaffen Körper, die noch zwischen die verbleibenden Rudergänger gequetscht waren. Dann erblickte er Tyrell. Er saß ganz achtern auf dem Dollbord, jemand lag über seinen Knien, und steuerte das Boot an dem weißen Fleck vorbei, den die feindliche Kugel hinterlassen hatte.

Er sagte ruhig: »Gott sei Dank.«

Das Buggeschütz heulte wieder nach innen, zwang ihn weg von seinen Gedanken, seiner überwältigenden Erleichterung.

Er schrie: »Mr. Bethune, nehmen Sie den Kutter und helfen Sie Mr. Tyrell.« Er sah zu Buckle hin. »Lassen Sie die Toppsgasten aufentern und bereiten Sie das Setzen der Topsegel vor!«

Die Erschöpfung und die ganze Empörung über Graves' Bericht schien zu verfliegen, als die Männer an ihre Stationen eilten. Der Kutter stieß von der Seite ab, Bethune stand aufrecht und feuerte seine Mannschaft zu größeren Anstrengungen an.

Dalkeith sagte: »Nun, Sir...« er kam nicht weiter.

Einer der Toppsgasten, der die höchste Rahe vor seinen Kameraden erreicht hatte, rief: »Wahrschau an Deck! Segel kommt um das Festland herum!«

Bolitho ergriff ein Glas und richtete es über die Wanten. Das Schiff war noch weit draußen vor der Bucht, hielt aber schon Kurs auf Cape Henry. Es war die *Lucifer*.

160

Odell würde entsetzt sein, keine Flotte vorzufinden, nicht einmal die *Heron* vor Anker. Er wurde aufmerksam. Der Besanmast des Schoners war beschädigt, und er manövrierte träge, als er versuchte, näher an die Einfahrt heranzukommen. Er mußte, vielleicht im Schutze der Dunkelheit, unvorbereitet von einem anderen Schiff angegriffen worden sein. Es gab keinen Zweifel über die klaffenden Risse in ihrem Focksegel, die ungleiche Verteilung der Takelage.

Er sah Flaggen im Wind wehen, hielt das Glas reglos, während seine Lippen das kurze Signal buchstabierten.

Er wandte sich zu Buckle um. *»Feind in Sicht.«*

»Allmächtiger Gott.«

»Mr. Heyward!« Dieser drehte sich am Ankerspill um.

»Klar zum Kappen des Taus! Wir werden die Boote nicht ein holen, sondern Segel setzen, sobald unsere Leute an Bord sind!«

Er hörte ein wildes Durcheinanderschreien, und als er sich nach achtern umblickte, sah er, wie die *Lucifer* ihre großen Segel zusammenfaltete wie die Schwingen eines sterbenden Vogels. Sie mußte alles riskiert haben, um ihn mit ihren Neuigkeiten zu erreichen, wenn auch nur für dieses eine lebenswichtige Signal. Sie war zu nahe herangefahren und auf die Untiefen aufgelaufen, genauso wie Tyrell es so lebendig beschrieben hatte.

Er zwang sich, zur Reling zu gehen und nach den Booten zu schauen. Tyrell's Kutter war fast überspült, aber Bethune war dort, die Verwundeten wurden herübergezogen und ein roter Fleck zeigte, daß mindestens ein Soldat bei der Gruppe dabei war.

Jetzt feuerten noch mehr Geschütze, die Kugeln warfen große Fontänen im blassen Sonnenlicht auf, wie eine Reihe von springenden Delphinen.

Einige der Toppsgasten riefen heiser Hurra, als Bethune den mit Wasser gefüllten Kutter abstieß und zurück zur *Sparrow* steuerte.

Bolitho wandte sich an Graves, der genauso wie vorher dastand.

»Kümmern Sie sich um Ihre Geschütze.« Seine Stimme war formell, ohne daß er warum oder wie verstand. Er konnte sich vorstellen, wie der zerbrechliche Rumpf der *Lucifer* auf den Felsen zerschellte und wie Tyrell's angeschlagenes Boot versuchte, die *Sparrow* zu erreichen. Er konnte sich sogar den jungen Fowler vorstellen, ein richtiges Kind noch, wie er durch einen unbekannten Wald rannte, während überall um ihn die Schüsse krachten.

»Tun Sie Ihre Pflicht. Das ist alles, was ich von Ihnen verlange.«
Er blickte weg. »Und was ich jemals von Ihnen verlangen werde.«
Er hörte das Boot längsseits kommen und sah, wie Tyrell und
die anderen durch die Schanzkleidpforte gezogen wurden, man
ihnen auf die Schultern schlug und sie mit Fragen und Hochrufen
bombardierte.

Bolitho ging auf ihn zu und sah mit plötzlicher Verzweiflung, daß
Tyrell Fähnrich Fowler trug. Es mußte also sein Körper gewesen
sein, der auf seinen Knien lag.

Tyrell sah ihn ruhig an und grinste müde. »Er ist in Ordnung.
Erst weinte er sich das Herz aus dem Leibe und dann ist er im
Boot eingeschlafen.« Er übergab den Fähnrich einigen Seemän-
nern. »Völlig erschöpft, der arme kleine Kerl.« Er sah Graves und
fügte hinzu: »Aber er hat Mut. Sogar ziemlich viel.« Dann trat
er nach vorne und ergriff Bolithos Hände. »Er ist nicht der einzige, wie es scheint.«

Eine neue Stimme sagte schleppend: »Ich hab' es doch gleich gesagt, daß wir uns wiedersehen würden!«

Es war Oberst Foley. Eine Bandage um den Hals, seine Uniform
in Fetzen, aber irgendwie war er genauso untadelig geblieben,
wie ihn Bolitho in Erinnerung hatte.

Bolitho sagte: »Ich auch.« Er blickte zu Tyrell. »Wir haben heute
noch einen heißen Tag vor uns, fürchte ich. Die *Lucifer* ist erledigt, und wir müßen schnell auslaufen, wenn wir ihrem Schicksal entgehen wollen.«

»Aye.« Tyrell hinkte zum Steuerrad. »Das habe ich mir schon gedacht.«

Ein Schrei von oben ließ jedes Auge zum Festland hinüberschau-
en. Sehr langsam, mit im Sonnenlicht angebraßten Rahen, segelten eine Fregatte und ein tiefgehender Transporter auf gleicher
Höhe mit dem schiffbrüchigen Schoner.

Bolitho sagte nur: »Schneller als ich dachte. « Er blickte zu Heyward. »Wir werden das Tau durchschneiden.« Zu Tyrell gewandt
fügte er hinzu: »Danach geben Sie den Befehl, die Geschütze zu
laden und auszurennen.«

Der Kutter und seine toten Rudergänger trieben ab, eine ver-
lassene Erinnerung an ihr Opfer.

Bethune kam nach achtern gerannt, sein Gesicht glühte vor Erregung.

Bolitho sagte: »Gut gemacht. Ich sehe Sie schon als Leutnant, trotz allem, was Sie dagegen tun.«

Er fühlte sich plötzlich ausgeglichen, sogar entspannt. »Heißt die Flagge! Wir werden der Armee zeigen, daß wir sie nicht ohne Grund verlassen!«

Das Tau war zerschnitten, und mit im Wind flatternden Royalsegeln drehte sich die *Sparrow* in einem engen Bogen herum, das Donnern ihrer Leinwand übertönte das Geschützfeuer von den Bäumen her, ihre Seeleute waren zu beschäftigt, um auch nur an etwas außer ihrer Arbeit zu denken und der Notwendigkeit, die offene See zu erreichen.

Als die *Sparrow* gewendet hatte und sich auf Kurs zu den Kaps befand, konnte niemand mehr die Absichten des Feindes bezweifeln. Als Tyrell meldete, daß alle Geschütze ausgerannt und geladen seien, hob Bolitho sein Glas, um ein weiteres Schiff zu prüfen, das soeben die südliche Festlandsspitze umrundete. Noch ein schwerer Transporter, und dahinter konnte er die geblähten Segel einer Geleitschutzfregatte sehen. Tyrell sagte: »Beim Allmächtigen, nichts Geringeres als eine Flotte!«

Buckle rief: »Kurs liegt an, Sir! Süd zu West!«

Der erste Transporter hatte schon Anker geworfen, und Bolitho sah durch sein Fernrohr, daß die Boote mit geübter Präzision zu Wasser gelassen wurden, das Sonnenlicht glänzte auf Waffen und Uniformen, als Soldaten auf Leitern und Netzen in einer Art und Weise hinunterkletterten, die auf viel Praxis schließen ließ. Er richtete sein Glas auf das zweite große Schiff. Es war ebenfalls mit Soldaten vollgestopft, und auf dem Deck waren Protzen, außerdem waren an ihren Rahen schwere Taljen befestigt, die Art, die man verwendete, um Pferde in Boote oder Leichter zu laden. Oberst Foley sagte gedehnt: »Wir haben gehört, daß Rochambeau Verstärkung erwartet. Man könnte zu der Ansicht gelangen, daß diese eingetroffen ist.«

Bolitho blickte ihn an. »Was ist jetzt Ihre Aufgabe?« »Wenn Sie mich nach New York bringen können, habe ich Depeschen für General Clinton. Sie werden wahrscheinlich Cornwallis nicht helfen, aber er wird sich freuen zu hören, was hier vorgeht.« Er lächelte kurz. »Ich habe erfahren, daß Sie mit unserem alten Freund Blundell streng umgesprungen sind? Es war an der Zeit.«

Er zog eine Augenbraue hoch. »Sie haben seine Nichte wiedergesehen, soviel ich weiß?«

Bolitho beobachtete, wie der Klüverbaum sehr langsam herumschwang und schließlich auf die äußerste Landspitze des Festlandes zeigte. Wie konnten sie sich nur so ruhig und gleichgültig unterhalten, wenn der Tod so nahe war?

Er erwiderte: »Ja. Sie wird jetzt in England sein.«

Foley seufzte. »Ich bin erleichtert. Ich erkannte alle Zeichen. Sie wollte doch, daß Sie den Dienst quittieren und sich ihren Bewunderern anschließen, nicht wahr?« Er hielt eine Hand hoch. »Machen Sie sich nicht die Mühe zu antworten! Es steht Ihnen klar ins Gesicht geschrieben, genauso wie es auf meinem gewesen sein muß.«

Bolitho lächelte ernst. »Etwas in der Art.«

»Als sie meiner müde war, wurde ich zum Dienst unter Cornwallis abkommandiert. Das hat sich sogar als Gefälligkeit erwiesen. Und Sie?«

Tyrell trat von der Reling zurück. »Sie hat ihn fast töten lassen!«

Foley schüttelte den Kopf. »Eine wirklich außerordentliche Frau.«

»Wahrschau an Deck! Linienschiff umrundet das Kap!«

Bolitho fühlte, wie es ihm beim Gedanken an Odells Blitzfahrt kalt den Rücken hinunterlief. Tag für Tag und jeden Morgen hatte er achtern nach den verfolgenden Schiffen ausgeschaut. Es musste für jeden Mann an Bord ein Alptraum gewesen sein. Die Boote von den beiden Transportern hielten nun auf das Land zu, sie lagen tief im Wasser und ließen dadurch erkennen, daß sie voll besetzt waren.

»Lassen Sie die Bramsegel setzen, Mr. Tyrell. Wir werden heute den Wind nötig haben.«

Foley zog seinen Säbel aus der Scheide und drehte ihn in den Händen. »Ich nehme an, daß Sie nicht einfach nur davonlaufen?«

Bolitho schüttelte den Kopf. »Diese beiden Fregatten reffen die Segel, Colonel. Sie wollen uns zusammenschießen, wenn wir versuchen, von der Untiefe freizukommen.« Er deutete auf die vor Anker liegenden Transportschiffe. »Dort ist unser Kurs. Ganz nah bei der Küste, wo man uns am wenigsten erwartet.«

Foley grinste. »Oder willkommen heißt, vermute ich.« Bolitho blickte Buckle an. »Wenn wir über Stag gehen, müssen Sie das Schiff so nahe wie möglich an Cape Henry heranbringen.« »Aye,

Sir.« Buckle spähte durch die Wanten und Stagen, seine Augen auf die Schiffe geheftet.

Bolitho hob wieder sein Glas. Die beiden Fregatten standen unter einem Minimum an Leinwand mit einiger Schwierigkeit vor dem Wind und warteten auf die kleine Korvette, die an ihnen vorbeifahren wollte. Weniger als eine Meile Abstand. Er beobachtete sie ganz genau, bemerkte ihre Abdrift, die Sonne, die auf ihren Breitseiten und auf den erhobenen Ferngläsern ihrer Offiziere glänzte. Er fragte: »Wieviele Boote im Wasser?«

Bethune rief: »Mindestens dreißig!«

»Gut.«

Bolitho stellte sich vor, wie die in Boote gedrängten Soldaten die Fahrt der *Sparrow* in die trügerische Sicherheit beobachten würden. Ein Schauspiel, das ihre eigenen Zweifel und Ängste über das, was sie auf dem amerikanischen Festland erwartete, vertreiben sollte.

Bolitho zog seinen Säbel und hielt ihn hoch über den Kopf. Am Geschützdeck entlang sah er die Mannschaften an den Taljen kauern, jeder Geschützführer spähte mit einsatzbereiter Lunte nach achtern. Am Großmast wurden zwei Drehbrassen hin- und her geschwenkt, ein Seemann saß auf der Schanzverkleidung und hatte frische Kartätschen gegen seine Brust gedrückt. Als er seine Augen über das ihm anvertraute Schiff gleiten ließ, wurde er merkwürdigerweise an die Worte erinnert, die Colquhoun vor so langer Zeit gesagt hatte. »*Wenn alle anderen achtern auf Sie schauen.*«

Er hörte einen scharfen Knall, und Sekunden später das hohe Pfeifen einer Kugel über sich. Eine der Fregatten hatte einen Probeschuß abgefeuert. Er aber sah auf das nächstliegende Transportschiff, das am Ankertau schwoite, das hohe Achterdeck der Küste zugewandt. An Bord der Fregatten würden die Geschützmannschaften untereinander Wetten abschließen. Wieviele Kugeln würden sie abfeuern, ehe die *Sparrow* im Kreuzfeuer übrwältigt würde oder sich ergab?

Er schwenkte seinen Säbel nach unten. »*Jetzt!*«

Das Steuerrad ächzte laut, und als die Männer an den Brassen zerrten, um die Rahen wieder zu trimmen, begann sich der Bug der *Sparrow* zu drehen. Bolitho hielt den Atem an und schaute zu den Fregatten, die mehr und mehr backbord verschwanden, während das nächstliegende Transportschiff und dann eine Unzahl von Ruderbooten vor dem Klüverbaum schwammen, und hinter ihnen öffnete sich das Land, als ob es sie mit offenen Armen aufnehmen wollte.

»Kurs halten!«

Bolitho rannte an die Reling, er dachte an Tyrells Worte von Lynnhaven Bay, die Tiefen und Strömungen, die Gefahren und Grenzen des Überlebens.

Buckles Rudergänger fluchten und drehten das Rad gegen den entgegengesetzten Angriff von Wind und See, und als Gischt über den Bugspriet hinüberschoß, sah Bolitho die nächsten Ruderboote in wilder Hast ausweichen, endlich waren die Verwirklichung und der Schrecken seiner Absichten nur zu klar. Geschützfeuer donnerte über die Bucht, und Kugeln pfiffen und schlugen sehr nahe am Rumpf ein. Aber die beiden Fregatten waren überrascht worden, und als die *Sparrow* auf die Küste zuhielt, wußte Bolitho, daß sie in wenigen Minuten durch das erste Transportschiff vor dem Feuer geschützt sein würden.

Er konnte fühlen, wie die Ekstase ihn durchzuckte wie ein Fieber, und als er auf das Geschützdeck hinunterschrie, wußte er, daß sie ansteckend war, sah die Männer wie halbnackte Dämonen an ihren offenen Geschützpforten lauern.

»Achtung!« Der Säbel schwebte wieder über seinem Kopf. »Volle Depression!«

Die nächsten Geschützmündungen neigten sich auf das schäumende Wasser zu, die Geschützführer tanzten von einer Seite auf die andere, während ihre Männer mit neuer Munition für die nächste und die darauffolgende Ladung bereitstanden.

»Geschütze richten!« Der Säbel hing in der Luft, das Sonnenlicht glänzte wie Gold darauf. »Feuer!«

Die Luft wurde förmlich von der Gewalt der beiden Breitseiten auseinandergerissen. Als der dichte Rauch auf die Decks wirbelte, die Geschützmannschaften brüllten und mit ihrem Hurrageschrei das Quietschen der Lafetten, das Klappern der Handspaken und Ladestöcke übertönten, sah Bolitho die nächsten feuerspeienden Zungen von vorn, die doppelten Ladungen schlugen auf Boote und Soldaten auf, Splitter und Gischt wirbelten umher. Über dem Deck zitterten die angebraßten Besansegel bei jeder Explosion, der Rauch stieg an jeder Seite auf wie würgender Nebel, während die Geschütze wieder und wieder feuerten.

Der schärfere Knall von Musketen, die metallischen Aufschläge der Drehbrassen machten Worte unmöglich.

Es war ein Alptraum, eine Welt der Verzweiflung. Boote taumelten gegen den Rumpf, und Bolitho fühlte, wie das Deck zitterte, als die *Sparrow* mit dem Bug eine Barkasse zermalmte, die mitten entzweibrach und die viel zu zahlreichen Soldaten der Besatzung in schreiender und schlagender Verwirrung ausspie.

Ein Transportschiff feuerte jetzt, seine obere Geschützreihe spie Kugeln über die zerfetzten Boote und schlug durch die Segel der Sparrow wie mit Riesenfäusten.

Eine Kugel zischte durch die Wanten, Bolitho hörte schrille Schreie, als zwei Seeleute an der gegenüberliegenden Seite zerquetscht wurden. Er sah Fowler benommen an den zerstückelten Leichen vorbeigehen, sein Gesicht verschlossen wie in Gedanken. Er bemerkte, daß er mit den Fingern schnippte.

Der Rumpf rollte nochmals stark über, und unter seinen Füßen spürte er den Einschlag der feindlichen Kugel ins Geschützdeck, das nachfolgende Rumpeln eines Zwölfpfünders, der sich umlegte.

Ein weiteres Langboot glitt an der Steuerbordseite entlang, einige Männer feuerten ihre Musketen ab, andere stolperten über die Ruderer an den Riemen. Kugeln schlugen in Reling und Schanzkleid ein, ein Seeman fiel blutspuckend, als eine Kugel ihn in den Hals traf.

Bolitho rannte auf die Seite und wischte sich seine tränenden Augen, damit er nach hinten sehen konnte. Die Wasseroberfläche war übersät mit zerschmetterten Booten und treibenden Holzteilen. Einige Männer schwammen, andere wurden durch das Gewicht ihrer Waffen und der Ausrüstung unter Wasser gezogen.

Foley lud gerade seine Muskete wieder und schrie: »Noch ein paar weniger, gegen die unsere Leute kämpfen müssen!« Er lehnte sich über die Reling und schoß auf einen Soldaten, der gerade auf die Korvette feuern wollte.

Bolitho blickte angestrengt zur Küste hin. Sie war ziemlich nah, fast zu nah.

»Gehen Sie über Stag!« Er mußte den Befehl wiederholen, ehe Buckle ihn verstand.

Mit kreischenden Blöcken und wieder rundgebraßten Rahen folgte die *Sparrow* einem gefährlichen Backbordkurs, ihr Bug zeigte scheinbar genau auf das Festland.

Und dort war das zweite Transportschiff, schwoite trunken über den Bug, die Geschützpforten waren schon geöffnet, und Kugeln flogen durch die Luft.

Eine Kugel durchschlug die Achterdeckreling, zersplitterte sie wie ein Streichholz und tötete einen Bootsmannsmaat, der gerade den Leuten an den Besanbrassen etwas zuschrie. Blut spritzte auf Bolithos Kniehosen, und er sah andere Männer auf dem Geschützdeck fallen, die Schutznetze darüber bewegten sich ruckartig, als Taue und zerfetzte Segel hineinfielen. Ein kurzer Blick nach oben zeigte ihm, daß der Masttopstander fast genau nach hinten stand. Sie waren so hart am Wind wie eben möglich. Genug oder zu wenig machte jetzt keinen Unterschied. Es war kein Platz zum Halsen vorhanden, keine Zeit, den Kurs zu wechseln.

Tyrell schrie: »Zerschmettert das Achterdeck dieses Bastards!« Er gestikulierte zum nächststehenden Geschützführer. »Kartätschen! Macht ihn fertig!«

Er starrte Bolitho an, mit vor Müdigkeit glasigen Augen, in denen sich die Kampfeswut spiegelte.

»Sie kommt herüber!« Er fing einen Seemann auf, der von den Wanten fiel, sein Gesicht eine blutige Maske. »Noch einer für den Doktor!« Er wandte sich erneut zu Bolitho um, stieß dann einen kleinen Schrei aus und hielt beim Fallen die Hände an seinen Schenkel.

Bolitho kniete neben ihm, hielt ihn an den Schultern, als weitere Kugeln Splitter vom Deck fetzten. Tyrell schaute zu ihm auf, die Augen dunkel vor Schmerzen.

»Es ist gut.« Er knirschte mit den Zähnen. »Es ist das gleiche verdammte Bein!« Bolitho sah Dalkeith stolpern und über das Deck rennen, einige seiner Männer hinter ihm.

Tyrell sagte schwach: »Ich wußte, daß man es abnehmen muß. Jetzt gibt es wohl keine Entschuldigung mehr, eh?« Dann wurde er ohnmächtig.

Vom splitterübersäten Geschützdeck aus sah Graves ihn fallen, obwohl er sich vor dem Lärm und dem Geruch des Todes duckte. Er schrie: »Ausrennen!« Er stieß einen Seemann mit wildem Blick an. »Richten! *Fertig!*« Er blickte starr auf die aufragenden Segel des Transportschiffs, das dwars auftauchte. »Feuer!« Das Deck schlingerte unter seinen Füßen, und er sah, wie zwei Männer in blutige Stücke zerrissen wurden, ihre Schreie verstummten, ehe sie das blutverschmierte Deck erreichten. Aber irgendwo dachte er in seiner Verwirrung an Tyrell. Er mußte tot sein, *verdammt sollte er sein.* Seine Schwester war jetzt allein. Eines Tages, vielleicht früher als die anderen erwarteten, würde er sie finden. *Sie für sich selbst nehmen.*

Ein Feuerwerkersmaat blickte zu ihm auf, sein Mund war wie ein schwarzes Loch, als er brüllte: »Vorsicht, Sir! Um Himmels willen...« Seine Worte gingen unter in dem mißtönenden Krachen von Holz, als die Großbrahmstenge wie ein großer Baum durch die Netze stürzte. Sie grub sich in die Planken und noch weiter bis ins nächste Deck. Als die mitgerissene Takelage und die losgelösten Fallen zwischen die feuernden Geschütze donnerten, starb Graves, sein Körper wurde unter der gebrochenen Spiere begraben.

Von der Achterdeckreling aus sah Bolitho ihn sterben, und er wußte, daß die vielen Monate Patrouillendienst, die Stürme und die Kämpfe den Mast schließlich doch gebrochen hatten, den sie, vor tausend Jahren, nach einer Schlacht verlascht hatten.

Aber Heyward war da, seine Stimme trieb die Geschützmannschaften an, als das verankerte Transportschiff im Rauch entschwand, sein Rumpf mit Löchern von dem erbarmungslosen Buggeschützbombardement übersät.

Der Wind wehte den Rauch zur Seite, und fast ungläubig sah er die Erhöhung von Cape Henry nach hinten entschwinden wie eine riesige Tür, der Horizont dahinter glitzerte.

Fowler rutschte aus, fiel auf etwas Blut und schluchzte: »Es hat keinen Zweck! Ich kann nicht...«

Bethune ging zu ihm hin. »Sie können und Sie werden auch verdammt noch mal wollen!«

Der junge Fähnrich drehte sich um und blinzelte. »*Was?*« Bethune grinste, sein Gesicht vom Pulverdampf geschwärzt. »Sie haben mich gehört! Also los, *mein Junge!*«

»Mr. Buckle!« Bolitho zuckte zusammen, als ein paar verirrte Schüsse durch die Wanten pfiffen und noch mehr Segel herunterbrachten. »Ich möchte...«

Aber der Steuermann reagierte nicht. Er saß mit dem Rücken zum Niedergang, die Hände auf der Brust wie zum Gebet. Seine Augen waren offen, aber das immer größer werdende blutige Rinnsal um ihn erzählte seine eigene Geschichte.

Glass und ein einzelner Seemann standen am ungeschützen Steuerrad, die Augen wild, die Beine zwischen Toten und Sterbenden eingekeilt.

Bolitho sagte scharf: »So hart wie möglich. Die Reste der *Lucifer* zeigen Ihnen, wo die Sandbank liegt.«

Als das Sonnenlicht die Korvette vom Bug bis zum Heck umhüllte und als die Rahen herumschwangen, um sie aus der Bucht zu tragen, sah Bolitho eine große Anzahl Schiffe vom südlichen Horizont heransegeln und die See füllen. Es war ein phantastischer Anblick. Schwadron auf Schwadron, die Linienschiffe schienen sich zu überlappen, als sie auf die Chesapeake Bay zufuhren.

Foley murmelte. »De Grasse. Ich habe noch nie eine solche Flotte gesehen.«

Bolitho riß seine Augen los und eilte zur Heckreling. Es war kein Anzeichen von Verfolgung aus der Bucht zu bemerken, er hatte es auch nicht erwartet. Die beiden Fregatten würden ihren neuen Ankerplatz behalten und versuchen, einige der Soldaten zu retten, die dem Blutbad der *Sparrow* entkommen waren. Er drehte sich zum Steuerrad um, wo Heyward und Bethune standen und ihn beobachteten.

»Wir werden sofort über Stag gehen!« Er sah Dalkeith und rief: »Sagen Sie mir, was los ist!«

Dalkeith sah ihn traurig an. »Es ist überstanden. Er schläft jetzt. Aber ich bin zuversichtlich.«

Bolitho wischte sich das Gesicht ab und fühlte, wie Stockdale ihn am Arm stützte, als das Schiff im auffrischenden Wind stark krängte.

Noch so viel zu tun. Reparaturen mußten ausgeführt werden, auch wenn sie der ankommenden Macht Frankreichs entfliehen mußten. Admiral Graves finden und ihm von der Ankunft des Feindes berichten. Die Toten beerdigen. Er fühlte sich ganz benommen.

Yule, der Feuerwerker, kletterte eine Leiter herauf und sagte heiser: »Sind hier ein paar Mann übrig? Ich brauche sie für die Pumpen.«

Bolitho sah ihn an. »Holen Sie sie woanders.«

Er blickte sich unter den in den verschiedenen Haltungen des Todes herumliegenden Körpern um.

»Hier liegen nur die Tapferen.«

Er blickte auf, schrak zusammen, als er ganz hoch oben über dem Deck jemand singen hörte. Über der zerfetzten Leinwand und der herunterhängenden Takelage, an der Stelle, an der die Großbrahmstenge abgesplittert war, ehe sie herunterfiel und Graves tötete, sah er einen einsamen Seemann im Sonnenlicht arbeiten, sein Marlspieker blitzte, als er eine abgebrochene Stage spleißte. Die Geräusche der See und der schlagenden Segel waren zu laut, um die Worte verstehen zu können, aber die Weise schien vertraut und seltsam traurig.

Foley trat zu ihm und sagte ruhig: »Wenn sie nach dem, was sie getan haben, so singen können...« Er drehte sich um, da es ihm unmöglich war, Bolitho ins Gesicht zu sehen. »Dann, bei Gott, *beneide* ich Sie!«

Epilog

Zwei Tage nachdem sie sich aus der Bucht gekämpft hatten, sichteten die Ausgucks der *Sparrow* die Vorhut von Admiral Graves' Flotte, die an der Küste von Maryland entlangfuhr. Das Zusammentreffen war sowohl aufregend als auch bitter, denn da viele aus der Mannschaft verwundet oder getötet worden waren, war es schwierig, keine Gefühle zu zeigen. Ganz an der Spitze der Flotte, mit im Sonnenlicht flatternden Signalflaggen, stand sie im Wind, ein kleines Symbol für das, was *Heron* und sie zusammen durchgemacht und erreicht hatten.

Bolitho konnte sich noch genau an den Moment erinnern, als er mit seinen Leuten auf dem zerschossenen Achterdeck gestanden hatte, während seine Signale an die *Heron* gegeben und von dort aus zum Flaggschiff weitergeleitet wurden.

Als die Antwort kam, drehte sich Bethune um, sein Gesicht war plötzlich gereift.

»Flaggschiff an *Sparrow*, Sir. *Sie werden führen. Die Ehre gebührt Ihnen.*«

Für einen Admiral, der überflüssige Signale verabscheute, hatte Admiral Graves ihnen eine große Ehre erwiesen.

Wieder einmal hatte die *Sparrow* gewendet, ihre zerrissenen Segel und ihr zerschossener Rumpf waren der Wegweiser für die grossen Linienschiffe, die gehorsam in ihrem Kielwasser folgten.

Als dann die Bucht in Sicht war, und man wußte, daß die Franzosen immer noch da waren, wurde die Rolle der *Sparrow* die eines bloßen Zuschauers bei einer Schlacht, die allen, die daran teilnahmen, ihren Stempel aufdrücken sollte. Eine Warnung für junge Offiziere wie Bolitho, eine grausame Lehre für die Engstirnigen, die so lange mit dem Buch in der Hand gekämpft hatten.

einem Buch, dessen Regeln durch die harte Erfahrung veraltet geworden waren.

Vielleicht hatte Admiral Graves bis zum letzten Moment erwartet, sogar gehofft, daß die Franzosen die Chesapeake Bay verlassen hätten oder daß höchstens de Barras' kleine Schwadron da sein würde, nachdem sie an seinen Patrouillen vorbeigeschlüpft war und Newport vor einigen Tagen verlassen hatte. *Sparrows* Signal hatte jedoch jedem derartigen Glauben den Boden entzogen, und der Anblick einer so großen Ansammlung von Schiffen muß ihn mit dunklen Ahnungen erfüllt haben. Aber wenn auch seine Flotte der de Grasse's sowohl zahlen- als auch bewaffnungs mäßig unterlegen war, so hatte er doch viele Vorteile. Der Wind stand zu seinen Gunsten, und wie Tyrell so oft vorhergesagt hatte, zeigte die trügerische Untiefe zwischen den beiden Kaps des Chesapeake bald ihre Unparteilichkeit für diejenigen, die sie überwanden.

Da die Engländer in die Bucht einfuhren und de Barras' Verstärkungen noch nicht heran waren, beschloß de Grasse, Anker zu lichten und sie im offenen Wasser zu treffen. Ein ungünstiger Wind und die Flut, die gefährliche Untiefe in der Mitte, all dies belehrte ihn bald, daß er seinen beschützenden Ankerplatz nicht als gesamte Flotte verlassen konnte. Schwadron auf Schwadron kämpften sie sich um Cape Henry, und die Überreste der *Lucifer* waren eine Warnung für die Leichtsinnigen oder Unvorsichtigen.

Dies wäre eigentlich Graves' große Gelegenheit gewesen. Er hätte *Allgemeiner Angriff* signalisieren können und seinen Kapitänen erlauben, sich auf den Feind zu stürzen, ehe dieser sich sammeln und seine Überlegenheit beweisen konnte. Hätte ein Hawke oder Keppel das Kommando gehabt, so bezweifelte niemand, daß die Wirkung verheerend gewesen wäre.

Graves aber zögerte wieder einmal, klammerte sich an das geschriebene Wort der »Anweisungen für den Kampf« und sah keine andere Alternative.

Sein Flaggschiff hißte das korrekte Signal, die Schlachtlinie zu formieren, und es blieb die ganze Schlacht über geheisst. Diese Verzögerung erlaubte es de Grasse, seine Flotte zu versammeln, und als die beiden Gegner schließlich zusammentrafen, war es für die zahlenmäßig unterlegenen Engländer unmöglich, auch nur in den Nahkampf zu kommen. Gegen Abend zwang das nachlassende Licht die Flotten auseinander, und von einem kräftigen Nordostwind getrieben verloren sie bald Kontakt. Als Graves schließlich in der Lage war, seine Schwadronen wieder zu formieren, hatten die Franzosen sich bereits in die Chesapeake Bay zurückgezogen. Sie kamen nicht wieder heraus, und nach weiterem Zögern befahl Graves seinen enttäuschten Kapitänen, nach New York zu segeln.

Hilflos und außerhalb der Reichweite des Kampfes selbst hatte Bolitho die meisten Manöver beobachtet und noch viel häufiger erraten, was geschah. Er verließ das Deck in regelmäßigen Abständen, um zu Tyrell ins Krankenrevier hinunterzugehen, seine Hand zu halten und ihm zu beschreiben, wie die Ereignisse aufeinanderfolgten.

Er konnte sich genau an jeden Besuch erinnern, Tyrells sehr blasses Gesicht im Laternenlicht, sein Mund vor Schmerzen verzogen. Und um ihn herum, stöhnend oder leise wimmernd, die anderen, die gelitten hatten, und einige, die schon nicht mehr zu leiden brauchten.

Tyrell hatte heiser gesagt: »Das ist das Ende der Armee.« Er hatte Bolithos Hand mit etwas von seiner alten Kraft gepackt: »Aber *wir* haben getan, was wir konnten.«

Später in Sandy Hook, als die *Sparrow* Reparaturen ausgeführt hatte und Bolitho den Befehl erhielt, mit Depeschen des Admirals und Neuigkeiten von der Schlacht nach England zu segeln, war der Würfel gefallen.

Von der See her abgeschnitten, Munition und Vorräte erschöpft. hatten Cornwallis und seine ganze Armee kapituliert.

Treu seinem Ruf hatte General Washington den Engländern gestattet, sich ehren- und würdevoll zu ergeben, trotzdem war es eine vernichtende Niederlage.

Kuriere hatten die Neuigkeit von der Kapitulation gebracht, von der englischen Militärkapelle erzählt, die ihre Soldaten in das Lager von Washington brachte. Sie hatten »The World Turned Upside Down« (Die Welt steht Kopf) gespielt, was in etwa wiedergab, was sie über die Situation dachten.

Unter bewölktem Himmel und Nieselregen lichtete die *Sparrow* Anker und drehte zum letztenmal ihr Heck nach Sandy Hook. Die Mannschaft reagierte mit gemischten Gefühlen auf die Marschbefehle. Einige betrauerten alte Freunde, die sie auf See beerdigt oder verkrüppelt zurückgelassen hatten, bis sie eine bequemere Transportmöglichkeit fänden. Andere fürchteten sich fast davor, was sie nach so langer Zeit in England finden würden. Und da waren andere, die Amerika den Rücken drehten und nur von dem Augenblick träumten, an dem sie in ihrer eigenen Heimat an Land gehen würden, dankbar, daß ihnen Schmerz und Verzweiflung erspart blieben, sogar dankbar, den grauen Himmel über den Mastspitzen zu sehen.

Wenn er nicht benötigt wurde, verbrachte Bolitho einen großen Teil der Reise allein in seiner Kajüte. Es machte den Kontakt weniger schmerzlich, den Verlust vertrauter Gesichter leichter zu ertragen.

Er konnte sich an das letzte Händeschütteln erinnern, als er Tyrell in einem New Yorker Krankenhaus auf Wiedersehen gesagt hatte. Dalkeith war auch dagewesen, und es war ein trauriger Abschied. Es war immer noch schwierig, sich Tyrell mit einem Bein vorzustellen, und er wollte es auch nicht. Eines schien sicher zu sein: Tyrell war nicht verzweifelt. »Wenn ich hier herauskomme, gehe ich heim.« Er hatte es mehrmals gesagt. »Ich weiß noch nicht wie und wann, aber bei Gott, ich werde hinkommen!«

Dalkeith war auf ein Lazarettschiff vor Sandy Hook versetzt worden, und er sagte ruhig: »Ich denke, sie werden auch einen guten Doktor brauchen, was Jethro?« Er lachte sein tiefes glucksendes Lachen. »Hier ist meine Hand drauf!«

Bolitho fröstelte und zog seinen Mantel enger um seinen Körper. Es war kalt und sehr feucht, und von der Kajütsdecke tröpfelte das Kondenswasser. Er blickte auf das offene Logbuch. Es war der erste Januar des Jahres 1782, ein neues Jahr für sie alle. Er stand auf und ging langsam aus der Kajüte, seine Beine glichen das Auf und Ab der Schiffsbewegung ohne bewußte Anstrengung aus. Über dreieinhalb Jahre war es her, daß er an Bord dieses Schiffes gekommen war, das so sehr ein Teil seiner selbst geworden war.

Er kletterte die Leiter hinauf und sah Heyward an den Luvwanten. Für ihn würde es noch schlimmer sein. Er war an Bord, seitdem er vor fünf Jahren in die Marine eingetreten war. Er ging zu ihm hinüber, sah den grauen Nebel durch die tropfnassen Wanten wirbeln, die Gischt, die sich über der Reling brach.

1. Fockmast
2. Großmast
3. Kreuz- oder Besanmast
4. Klüverbaum
5. Bugspriet
6. Besanbaum
7. Vorroyalstenge/
   Vorbrahmstenge
8. Vormarsstenge
9. Untermast des
   Fockmastes
10. Großroyalstenge/
    Großbrahmstenge
11. Großmarsstenge
12. Untermast des Großmastes
13. Kreuzroyalstenge/
    Kreuzbrahmstenge
14. Kreuzmarsstenge
15. Untermast des Kreuzmastes
16. Besangaffel
17. Außenklüver